브랜드 인사이트

브랜드
인사이트

최연미 지음

성공하는 브랜드의 8가지 비밀

Brand
Insight

은행나무

우리가 의식하든 의식하지 않든 브랜드는 누군가의 인생에 들어가 개개인과 교감하면서 관계를 맺는다. 이 책은 브랜드를 만들기 위해, 혹은 브랜드를 잘 가꾸기 위해 이 책을 집어 든 누군가에게 짧지 않은 시간 동안 동시대와 호흡하면서 브랜드 문화를 일궈온 실전파 저자가 채집한 생생한 사례들로 귀한 레퍼런스를 제공할 것이다.

— 김나래 〈매거진B〉 책임에디터

저자는 "사람들이 관심 갖는 브랜드(콘텐츠)는 내 입으로 사람들에게 옮길 수 있는 것, 그 자체로 즐길 수 있는 것"이라고 말한다. 다양한 시각 자료와 사례를 통해 자칫 지루할 수 있는 브랜딩 이론을 실무적으로 해석해 알기 쉽게 설명해준다. 책을 읽다보면 어느 순간 빠져들어 나도 모르게 인사이트가 번뜩인다. '나도, 우리 회사도 할 수 있겠다'라는 자신감은 덤이다.

— 최윤정 대한상공회의소 책임연구원

'나'를 잘 아는 것이 중요하다. 브랜드 본질에 집중하면 남과 다른 점을 볼 수 있을 것이다. 이 책과 함께 가장 나다운 브랜딩으로 브랜드 텐션을 끌어올리기 바란다.

— 김호영 뮤지컬 배우

아는 브랜드의 모르는 이야기, 요즘 브랜딩의 풍부한 케이스 스터디 그 자체만으로도 매우 값지다. 책을 덮고 실전에 뛰어들 당신에게 끝없이 좋은 질문을 만들어주고 함께 답을 찾아가는 가이드라인이 될 것이다.

— 양혜영 CJ ENM 마케팅기획 제너럴매니저

매년 많은 마케팅 관련 서적이 출간된다. 그러나 쉴 새 없이 변하는 브랜드 마케팅 현장에 있는 '바로 지금의 전문가'는 당장의 업무만으로도 너무 바빠서 이런 책을 쓸 시간이 없는 경우가 대부분이라 늘 아쉬웠다. 그런 점에서 유수의 기업에서 직접 치열하게 그리고 성공적으로 브랜딩 작업을 해온 저자 최연미의 집필이 무척이나 고맙다. 함께 일하면서 느낀 저자는 누구보다 철저하게 계획하고 실행하고 진단하는 사람이다. 그러한 최연미의 인사이트를 아낌없이 담은 이 책은 브랜딩 초보자에게는 직접 물을 먹여주는 친절한 일타 강의가, 이미 일은 하고 있지만 잘하고 있는지, 앞으로는 어떻게 해야 하는지 답답한 실무자에게는 스페셜리스트와의 유익한 대화 시간이 되리라

기대한다.

— 권희균 홍보전문가, 전 나비컴 대표

매일매일 쏟아져 나오는 수많은 정보와 트렌드 사이에서, 브랜드의 방향성을 가늠하는 것 자체가 막막해 멘토가 절실한 요즘이다. 이러한 시기에 브랜딩과 마케팅 현장에서 '진짜'를 경험해온 저자의 책이 북극성 같은 길라잡이로 다가온다. 어디로 어떻게 가야 할지 어렵기만 한 당신에게 꼭 필요한 읽을거리로 가득 차 있다. 밑줄 그을 펜을 옆에 준비해두면 더 좋겠다.

— 이인나 한영불 국제회의 통역사, ㈜리인앤코 대표

쉐이크쉑, 블루보틀커피, 에그슬럿과 같은 주목받은 외식 브랜드를 성공적으로 론칭한 저자의 경험과 시각을 바탕으로 최신 브랜딩 트렌드를 깊이 이해할 수 있는 책이다. 이 책이 선사하는 몰입감에 이끌려 정신없이 읽다보면 수많은 영감과 아이디어 속에서 자유롭게 헤엄치며 다음 세대 브랜딩을 이끌 요소들과 가능성을 내 안에서 발견할 수 있을 것이다. 기획자, 창업자들에게 반드시 읽어야 할 책으로 추천한다.

— 김신형 웨스틴조선호텔 식음기획 파트너

브랜딩 격전 시대를 살아가다 보면 누구나 덩달아 마음이 급해진다. 이 책은 누구보다 빠르게 멋진 결과물을 내야 하는 후천적 조급증이 생긴 마케터들에게 잠시 숨을 고르고 재정비할 수 있게 하는 지침서다. 너무 당연해서, 또는 엄두가 안 나 시도도 못 한 채 포스트잇에 꾸깃꾸깃 묵혀둔 아이디어를 꺼낼 용기를 얻기 바란다.

— 강여원 어메이징브루잉컴퍼니 팀장

이 책을 펼치자마자 마치 마술의 해법서를 읽는 기분이었다. 훌륭한 브랜드들은 어떻게 우리의 눈길을 사로잡았는지, 내 취향을 어떻게 저격했는지, 그 트릭이 모두 공개된다. 트릭을 배운 우리는 이제 각자의 분야에서 이 브랜딩의 마술을 사용하기만 하면 된다. 브랜드를 소비하는 것을 넘어서 브랜드를 소비하는 '나'를 발견하게 되고, '나만의 브랜딩'까지 완성하게 되는, 브랜딩의 모든 것! 그 비밀이 궁금하지 않은가?

— 이준형 마술사, 마술로 브랜드를 이야기하는 스토리텔러

스쳐 지나가듯 본 브랜드들에서도 남다른 시각으로 인사이트를 포착하는 섬세함에서 저자가 그간 다양한 브랜드를 성공적으로 론칭해온 비결을 발견하게 된다. 저자의 오랜 경험과 남다른 시각이 고스란히 담긴 이 책은 브랜딩의 트렌드와 핵심 전략을 이해할 수 있게 해준다. 브랜딩 디자이너로서 실질적인 영감을 얻을 수 있는 이 책을 브

랜딩에 관심을 가진 모든 사람에게 추천하고 싶다.

— 정지나 스튜디오롤루랄라 디자이너

브랜딩이 더 이상 선택이 아닌 필수인 요즘, 이 책의 다양한 브랜딩 사례가 나를 깊이 들여다볼 수많은 방법을 제시해줄 것이다. 내가 하고 싶은 것을 명확히 하고, 스스로를 전략적으로 바라보며, 나로부터 시작되는 이야기의 여정을 시작해보기 바란다.

— 김은지 제원인터내쇼날 R&D 대리

요즘 자주 볼 수 있는 '힙한' 브랜드들의 브랜딩 뒷이야기. '팬시한' 브랜드들이 사람들에게 어떻게 다가가는지 브랜딩 트렌드와 기술, 전략을 모두 담은 책이다. 자신만의 이야기가 담긴 브랜드를 만들고 싶다면 이 책에서 인사이트를 얻을 수 있을 것이다.

— 박동성 고려대학교 국어국문학과 학생

목차

들어가며　　　14

1
Design
눈길부터 사로잡는다

디자인이 본질이다　　　　　　　　　　　22
패키지부터 친환경이다　　　　　　　　　27
간결한 하나의 이미지가 가진 힘　　　　30
브랜드 아이덴티티와 스타일 가이드　　39

2
Micro-segmentation
좁고 깊게 파고든다

전국구 국민 브랜드는 갔다　　　　　　46
초세분화를 위한 2가지 질문　　　　　　52
타깃 설정부터 과감하게　　　　　　　　62
온전히 '나'로부터 시작하라　　　　　　71
어떤 영역이든 명품은 통한다　　　　　　76

3
Curation
취향을 저격한다

큐레이션 마케팅 전성시대   84

직관을 압도하는 빅데이터의 파괴력   93

일상의 작은 정보에서 시작하라   100

고객에게 꼭 필요한 맞춤형 정보   108

편하거나, 고급스럽거나, 이색적이거나   117

4
Brand Experience
낯선 경험을 디자인한다

청보리밭 한가운데 향초 가게   128

향기와 소리······ 마법처럼 구현되는 지금 이 순간   141

기상천외한 조합으로 경험하는 신세계   149

팝업 스토어 전성시대   161

온라인과 오프라인의 경계를 뛰어넘다   169

5
Storytelling
스토리텔링으로 말을 건다

냅킨에 쓰는 창업 스토리 176

익숙한 제품에 이야기를 얹는다 183

그 브랜드 스토리 내가 삽니다 189

전혀 다른 곳에서 기회를 만들라 196

공간에도 이야기가 있다 199

6
Locality
로컬리티를 극대화한다

향토에서 차별점을 찾다 206

시간의 흔적이 브랜드 헤리티지로 213

고객이 무엇을 바라보게 할 것인가? 223

한국의 일상을 세계로 229

7
Fandom
의미 있는 팬덤을 구축한다

펀슈머 팬덤	234
브랜드 제작 과정까지 공유하라	239
고객이 메아리를 만드는 이밴절리스트 마케팅	245
사람의 온기를 느끼게 하라	253
한번 잡은 고객은 절대 놓치지 않는다	273

8
Rebranding
오래되어서 더 좋은 친구로 거듭난다

브랜드는 숨을 쉰다	286
100년 된 브랜드, 본질의 극대화	292
리포지셔닝, 쓰임을 바꾸다	304
젊은 감성으로 갈아입는다	311
고객의 무의식에서 마케팅을 혁신하다	317

나가며   321

들어가며

요즘 브랜딩, 어떻게 해야 성공할까요? 많은 이가 궁금해하는 이 질문에 대한 답을 찾으려면 다음 3가지를 살펴볼 필요가 있습니다.

콘텐츠가 곧 브랜딩인 시대

고객의 브랜드 경험이 중요한 시대입니다. 그런데 그 경험은 '나만을 위한 개인화된 것'이어야 합니다. 획일화되고 대중적인 브랜드보다 나에게 딱 맞는 브랜드, 맞춤 경험이 브랜딩의 성패를 가름하기 때문입니다.

좋은 브랜드 경험은 고객 스스로 브랜드를 홍보하게끔 합니다. 개인 소셜미디어 홍보 채널이 브랜드가 직접 운영하는 커뮤니케이션 채널보다 훨씬 더 강력한 힘을 발휘합니다. 매체는 다양해졌고, 시장과 고객을 움직이는 힘의 중심이 기업에서 개인으로, 중앙집권형 미디어에서 개인 채널로 옮겨가고 있습니다. 그 결과 즉흥적이고 개인화된 콘텐츠가 때로는 더 강력한 마케팅 스토리가 되기도 합니다.

개인의 경험과 어우러진 브랜드 경험은 플랫폼을 중심으로 더 섬세하게 재탄생되고, 이것이 또 다른 새로운 콘텐츠로 확장됩니다. 타깃 고객과의 거리를 좁힌 브랜딩은 팬덤을 형성하고, 작지만 강력한 이 팬덤이 원심력이 되어 눈덩이처럼 더 많은 고객을 끌어당깁니다.

과거 브랜딩은 '리서치', '전략 수립', '브랜드 디자인 아이덴티티 수립', '브랜드 터치 포인트 개발', '브랜드 자산 관리'라는 일련의 단계를 거치며 이루어졌습니다. 차별화된 브랜드 가치를 소구하기 위한 밸류 프로포지션Value Proposition(가치 제안)을 고민했고, 브랜드 철학·미션·비전·스테이트먼트 등을 체계적으로 정리해 고객과 소통할 툴을 기획해서 만들었습니다.

그런데 이제 브랜딩의 시작과 계획은 더 이상 단계적이고 체계적으로 이루어지지 않습니다. 기획을 하는 중에 트렌드가 바뀌고, 타이밍을 놓치기도 합니다. 브랜딩이 언제, 어디서, 어떻게 시작될지 모릅니다.

서툴지만 진정성이 담긴 브랜드가 오랜 역사를 가진 브랜드보다 주목을 받습니다. 고객이 남긴 유튜브 댓글 하나 혹은 사진 한 장으로 밈Meme(SNS 등에서 다양한 모습으로 복제되는 이미지나 패러디)이 생기고, 팬덤이 생기고, 덜컥 브랜딩이 시작되기도 합니다. 마음 맞는 사람들끼리 편하게 잡담을 나누다 사이드 프로젝트처럼 브랜드 하나가 뚝딱 만들어지기도 합니다. 오랫동안 애물단지이던 낡은 브랜드가 갑자기 '세상 힙한' 브랜드가 되어 젊은 세대들의 팬덤을 형성하고 기업의 효도 브랜드로 자리 잡습니다.

이처럼 요즘 브랜딩은 단계를 밟아 이루어지기보다는 시작과 과정 자체가 즉흥적이고 자연발생적입니다. 저절로 생겨나 옆으로 번져나가다 고객의 팬덤으로 확장되어 성장합니다. 혹은 어쩌다보니 시작돼 자생적으로 빠르게 성장하고 조직까지 꾸려 브랜드 체계를 나중에 갖추는 경우도 있습니다. 대기업도 신규 사업, 신규 브랜드, 신상품을 빠르게 기획하고 기민하게 움직이기 위해 상대적으로 젊은 세대로 조직을 구성하고, 내부 보고 및 의사 결정 과정을 축소한 별도 사내 벤처, 스타트업 부서를 두기도 합니다.

그래서 브랜딩도 바야흐로 '콘텐츠'인 시대라고 할 수 있습니다. 자신만의 콘텐츠가 있다면 외부 전문 생산 업체나 전문 기업과 협업해 얼마든지 새로운 것을 만들 수 있습니다. 마케팅 에이전시가 전통떡을 만들어 성공하기도 하고, 온라인 쇼핑몰이 화장품 브랜드를 만들어 해외시장에서 K-뷰티 붐을 일으키기도 합니다. 술을 제조해본 적 없는 유명 인사가 전통술을 출시해 인기를 얻으면서 주류 업계에 신선한 자극을 주기도 합니다. 간판도 없고 작지만 남다른 경험을 선사하는 카페가 인생 숏을 찍으러 전국 각지에서 몰려든 사람들로 북적입니다.

아이디어와 콘텐츠만 있다면 뭐든 할 수 있는 시대입니다. 모든 것이 가능한 큰 회사가 꼭 있어야 하는 것은 아닙니다. 기업 브랜딩만큼이나 개인 브랜딩도 힘을 발휘하는 시대입니다. 개인 브랜드는 하나의 콘텐츠입니다. 중요한 것은 고객에게 '왜 이것을 만들었는지', '어떻게 만들었는지'를 알려주는 진정성 있는 이야기입니다. 유명 유튜버처럼 자신만의 콘텐츠가 있는 사람들과 컬래버레이션하여 만드는 화장품이나 식음료 신상품이 사람들의 관심을 끄는 이유는 내적 친밀감을 느낄 만한 이야기와 차별화된 콘텐츠 덕분입니다.

분업화된 외주 생산, 유연한 협업 시스템을 활용한다면 개인은 콘텐츠를 생산해내는 데 몰두하고 이후 유통은 분리해서 운영하면 됩니다. 전문성이 필요한 부분은 전문가의 손을 빌리면 되기에 차별화된 콘텐츠와 브랜드 스토리텔링을 만드는 일이 더 중요해진 것입니다.

초세분화된 취향과 시장을 바탕으로 브랜딩하는 시대

요즘에는 브랜딩을 처음부터 국내시장이 아닌 글로벌 시장을 염두에 두고 시작하는 경우가 많습니다. 한국에서 성공해 해외로 확장하는 사례도 있지만, 처음부터 해외에서 시작해 한국으로 역진출하는 경우도 적지 않습니다. 글로벌 커뮤니케이션 시대이기에 잠재 시장과 잠재 고객이 한국만이 아닌 글로벌로 확장된 것입니다.

이때 글로벌 시장이라는 전체 파이 가운데 어떤 부분을 타기팅해 공략할지 세분화된 시각이 필요합니다. 대중적 시장이 아니라 좁은 시장을 타기팅하는 것을 '니치마켓을 타기팅'한다고 합니다. 시장이 커지고 선택권이 많아지고 고객의 취향이 다양해진 요즘, 브랜딩 초기 단계부터 매스마켓이나 대중적 취향을 가진 고객보다는 세분화된 고객 및 시장을 대상으로 하는 것이 현명합니다.

브랜딩에 정답은 없다

브랜딩을 어떻게 해야 할지, 고객의 마음을 어떻게 움직여야 할지, 어떻게 하는 것이 뒤처지지 않는 브랜딩인지 등등 많은 질문이 떠오르지만 확실한 것은 정답이 없다는 사실입니다. 그러니 마음을 열고 유연하게 움직이는 것이 답입니다. 정말 무엇이 맞는지 정답이 없기 때문입니다.

이제는 브랜드 전개 과정을 고객과 함께해야 합니다. 고객은 완성된 브랜딩 '결과'보다는 만들어지는 '과정'을 더 궁금해하고 그 과정을 소비하기 때문입니다. 요즘 소비자는 브랜드를 깊이 분석하고 따져봅니다. 과거에 비해 많은 정보가 열려 있고 많은 것이 투명해졌습니다. 고객은 더 똑똑해졌고, 자신이 사고 쓰는 브랜드에 깊은 관심을 갖고 큰 영향력을 행사합니다. 또한 정보를 추적하고 직접 검증합니다. 사람들이 남긴 리뷰는 빅데이터가 되고 알고리즘 추천의 기초 자료가 됩니다. 집단 지성이 다수를 움직입니다.

소비자는 또한 브랜드를 선택하고 즐기는 과정 그 자체를 다른 사람들과 공유합니다. 심지어 브랜드를 기획하고 운영하는 과정에 참여도 합니다. 이러한 적극적인 개입이 브랜드를 소비하는 또 하나의 브랜드 경험이자 나의 라이프 스타일을 반영하는 것이기 때문입니다.

고객은 항상 변화를 원합니다. 변화하는 브랜드, 변화하려고 노력하는 브랜드를 환영합니다. 고객들에 의해 그 변화의 시너지는 증폭됩니다. 그래서 처음부터 고민을 깊이 하고, 섬세하게 생각해야 하며, 남과 차별화된 지점에서 생각한 것을 한 번 더 생각해야 합니다. 또한 작은 것부터 린 스타트업Lean Startup 방식을 실천해야 합니다. 위험을 최소화하기 위해 지속적으로 학습하고 끊임없이 실험함으로써 경쟁사와의 틈을 벌려야 한다는 뜻입니다.

내가 남들과 다른 점이 무엇인지 생각해보고 브랜드 포지셔닝에서 A와 B 사이, 아직 경쟁사가 없는 지점이 어디인지 살펴봐야 합니다. 바로 그 지점이 브랜딩 차별화의 핵심이 됩니다.

새롭게 찾아낸 그 지점이 깊은 우물이 되어 사람들에게 공명되게끔 다양한 방법으로 파보는 것입니다. 그러다보면 깊이 있는 진정성, 우연함, 섬세함에 천진한 파괴력이 더해져 새로운 브랜드 가치를 만들어내고 고객과 함께 성장해나갈 수 있습니다.

이 책을 집필하며 누구나 브랜딩할 수 있도록 최근 브랜딩 실전 사례와 도움을 주는 웹사이트, 애플리케이션, 마케팅 실무에 쓰는 분석 도구 등을 가능한 한 많이 소개하려고 노력했습니다. 또한 22년간 현장에서 쌓은 브랜딩·마케팅 경험을 바탕으로 다양한 업계의 사례를 관찰하고 우리 주변의 여러 이야기를 담아내고자 했습니다. 그뿐 아니라 세계 각국과 국내 각지를 돌아다니며 글로벌 브랜드와 로컬 브랜드를 아우르는 '요즘 브랜딩'의 핵심을 관찰하려고 노력했습니다. 그 결과물을 오랜 시간 고아낸 사골 국물처럼 진하게 우려서 정리해보았습니다. 모쪼록 이 책에 소개한 다양한 경험과 사례가 독자들의 브랜드 성장에 자양분이 되었으면 합니다.

끝으로, 이 책을 빛이 나게 편집해주신 은행나무출판사 유화경 편집자님과 늘 묵묵히 지원하며 토론을 아끼지 않는 남편에게 감사의 마음을 전합니다.

2023년 여름 최연미

1
Design

눈길부터 사로잡는다

디자인이
본질이다

    디자인 감각이 중요해진 이미지 전성시대입니다. 음식점도 플레이팅이 잘되고 사진이 예쁘게 나와야 사람이 몰립니다. 맛집은 일단 사진부터 검색해보고 갈지 말지를 결정합니다. '맛있겠다, 아니다'도 먼저 다녀간 사람들이 남긴 사진을 보고 미리 가늠합니다. 카페 또한 예쁜 포토 존이 있어야 찾아갈 맛이 납니다.

    호텔은 객실 인테리어, 침구, 식음업장의 경쟁력만큼이나 '뷰'가 중요합니다. 여기에 더해 요즘에는 루프톱 수영장이나 인피티니 풀에서 찍은 사진이 얼마나 멋있게 나오는지가 호텔 투숙을 결정하는 요소가 되기도 합니다.

    옷을 고를 때도 셀럽과 일반인들의 스타일링을 보고 어떻게 입을지 생각합니다. 그리고 사진에서 판단할 수 있는 원단 이미지를 검색해 일차적인 정보를 얻습니다. 직접 입어보려 매장에 나갈 수도 있지만, 곧장 온라인으로 주문하기도 합니다.

따라서 브랜드 아이덴티티를 표현하는 로고, 색감, 개성 있는 디자인, 공간 연출, 패키지 디자인 모두 허투루 할 수 없습니다. 어떻게 해야 예쁘고 매력적으로 보일지 신경 써야 하는 시대입니다.

이제는 짧은 영상이나 유튜브 영상에도 자본을 투자해 감각적으로 멋있게 찍고 편집하고 실시간 소통하는 브랜드가 많아졌습니다. 개인이 운영하는 작은 브랜드지만 디자인 경쟁력이 예사롭지 않은 사례도 많습니다. 폰트, 색상, 로고 디자인, 공간 연출, 종이 쇼핑백, 영상에 들어가는 자막까지 모두 예뻐야 합니다. 하다못해 냅킨 한 장, 화장실 수전마저도 예쁘면 기가 막히게 알아봅니다.

보고, 찍고, 경험하는 모든 것이 디자인과 연결되어 있고, 사람들은 그 디자인에 세심히 반응합니다. 이제 디자인은 브랜드 본질을 감싸는 껍데기가 아니라 가장 중요한 본질 중 하나가 되었습니다. 우선 예쁘고 감각적인 디자인으로 잠재 고객들에게 어필해야 비로소 그 제품의 진가를 보여줄 기회가 오기 때문입니다.

언뜻 투박한 날것을 그대로 보여주는 어설픈 디자인 같지만 이마저도 계산된, 잘 다듬어지고 정제된 디자인 속에서 튀기 위한 전략인 경우도 많습니다. 사람들이 몰리는, 이른바 '인스타 성지'에 가면 역시나 디자인 감각이 예사롭지 않습니다. 꼬리에 꼬리를 물고 찾아보면 미술이나 디자인을 전공한 사람이거나 평소 감각이 남다른 사람이 기획한 공간인 사례도 흔합니다. 디자인 전문 업체의 손길이 닿아 있는 예도 많습니다.

이렇듯 입는 것, 먹는 것, 쉬는 곳 모두 디자인에서 시작해서 디자인으로 완성된다고 해도 과언이 아닌 시대입니다.

키비주얼에서 출발한다

'키비주얼Key-visual'은 브랜딩과 디자인에서 '하나의 핵심이 되는 이미지'라는 뜻입니다. 참고할 만한 상징적인 이미지여도 되고, 하나의 팬톤칩 컬러여도 되고, 이름 모를 꽃 사진이어도 됩니다. 인상 깊게 본 패션 잡지의 어느 한 페이지일 수도 있고, 어느 낯선 풍경의 멋진 사진일 수도 있습니다. 미장센이 예쁜 어느 영화의 한 장면, 역사적인 어느 시대의 낡은 흑백사진 한 장, 인상적인 패션 스타일링 이미지도 좋습니다.

무엇이든 레퍼런스로 삼을 만한 핵심 이미지 하나만 있다면 그것이 바로 키비주얼이 되고, 새로운 브랜딩과 디자인의 시작점이 됩니다.

애플 로고 변천사

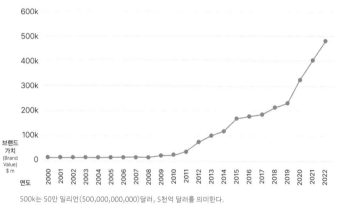

500k는 50만 밀리언(500,000,000,000)달러, 5천억 달러를 의미한다.

애플 브랜드 가치 변화

'애플'의 키비주얼은 사과였습니다. 초기 로고에는 애플 컴퓨터Apple Computer Co.라는 레터링이 복잡하게 들어 있었는데, 점점 진화하면서 간단하게 바뀌었습니다. 한입 베어 먹은 무지

개색 사과 이미지에 스토리와 상상력을 더하고 점차 간결해져 지금의 로고가 되었습니다.

글로벌 브랜드 컨설팅 전문 업체인 인터브랜드Interbrand에서 평가한 브랜드 랭킹을 살펴보면 지난 10여 년간 부동의 1위를 유지하고 있는 애플의 브랜드 가치는 2022년 기준 4,822억 달러(약 615조 원)에 달합니다. 1984년, 당시로서는 혁신적이던 퍼스널 컴퓨터 매킨토시를 시작으로 아이폰, 아이패드, 맥, 애플워치, 애플TV 등 다양한 혁신을 이끌고 있는 애플을 상징하는 것은 '한입 베어 문 회색 사과'입니다. 그리고 사과는 애플의 혁신을 상징하는 이미지가 되었습니다.

패키지부터
친환경이다

상업광고를 찍지 않기로 유명한 이효리 씨가 2023년 4월 〈보그〉 뷰티 화보에서 들고 있는 '시타SIITA'는 제품 용기가 3개월 만에 친환경 퇴비가 되는 친환경 핸드크림입니다. 제품 용기가 세계 최초 100% 생분해성 플라스틱 원료로 만들어진 이 뷰티 제품은 생분해성 인증 기준을 통과한 단일 원료로 패키지를 만듭니다.

보통 생분해성 패키지는 유연성과 내열성이 떨어져 상품성 있는 패키징 형태로 만들기가 어려운데, 새로운 설계 방식과 패키징 성형 기술로 유기적인 제품 패키지 디자인을 완성했습니다. 어떻게든 분해가 되는 생분해성 소재로 제품 용기를 만들다보니 오히려 더 비정형적이면서 유기적인 디자인이 나온 것입니다.

3개월 만에 친환경 퇴비가 되는
100% 생분해성 플라스틱 용기를 사용하는 화장품 시타.

제품은 비건 성분, 패키지는 재활용 가능 소재

'촉촉한 피부' 외에는 지구상에 아무것도 남기지 않는다는 시타는 다 쓴 패키지를 전용 시설에서 두 차례의 특수한 과정을 통해 분쇄하여 완전분해에 알맞은 300마이크로 단위의 아주 작은 입자로 만듭니다. 이렇게 분쇄된 가루는 루프스테이션으로 보내져 흙과 비슷한 외형의 친환경 퇴비가 됩니다.

이때 온도, 수분도, 산소로 미생물이 번식하는 호기성 등이 잘 유지되도록 완전분해 환경 시스템을 갖추어 분해가 잘 되도록 했습니다. 그리고 특수한 기술을 활용하여 미생물 활동 중에 나오는 열에너지를 역으로 이용하여, 통상 6개월이 필요한 원료 분해 기간을 3개월로 획기적으로 줄였습니다.

시타의 모든 제품은 동물실험을 거치지 않고, 비건 성분으로만 만들어집니다. 화장품 용기뿐만 아니라 박스, 테이프, 완충재에 이르기까지 모든 패키지는 재활용이 가능한 소재로 만들어진다고 합니다.

간결한 하나의
이미지가 가진 힘

SNS에서 유명해진 도넛 브랜드 '노티드Knotted'는 2017년 서울 도산공원 근처에서 카페로 시작했지만 테이블 회전율 문제로 폐업까지 고려하는 상황이었습니다. 그런데 이러한 난항을 단번에 타개한 힘이 있었으니, 바로 곰돌이 캐릭터입니다.

일단 노티드 카페는 대표 메뉴를 케이크와 도넛으로 바꾸고, 인테리어도 케이크의 주재료인 과일, 설탕의 느낌과 잘 어울리는 연한 파스텔 톤의 아기자기한 느낌으로 변경했습니다. 그리고 이슬로 작가와 협업해 곰돌이 캐릭터를 추가했는데, 이 작은 곰돌이 덕분에 모든 것이 바뀌었습니다.

노티드의 시그니처 케이크인 스마일 모양의 '옐로우스마일' 미니 케이크, 보기만 해도 포근한 갈색 곰돌이 캐릭터가 사랑스러

©노티드

노티드의 대표 이미지가 된 곰돌이 캐릭터와
옐로우스마일 미니 케이크.

운 '슈가베어' 케이크, 예쁜 색상의 필링이 가득한 도넛 그리고 이들을 응용한 각종 인형과 굿즈 등이 이곳의 인테리어, 사랑스러운 디자인의 포장재 등과 잘 어우러지며 큰 인기를 얻었습니다.

'노티드 = 사랑스러운 곰돌이 캐릭터 = 맛있는 도넛과 예쁜 미니 케이크'라는 이미지가 자리 잡히기 시작했습니다. 공식 계정 인스타그램 #cafeknotted에는 12.7만 명의 팔로워가 생겼고, 노티드와 관련된 인스타그램 해시태그는 30만 개가 넘습니다. 관련된 해시태그는 '#노티드', '#노티드도넛', '#노티드케이크'에 이어 노티드 곰돌이 캐릭터를 그리는 '#노티드그림챌린지'에 이르기까지 다양합니다. 사랑스러운 곰돌이 캐릭터가 평범한 카페에 차별점을 만들어주고 브랜드의 힘을 하나의 이미지로 집약하고 강화하는 역할을 한 것입니다.

현재 노티드는 전국에 25개 매장을 운영하고 있으며, 여러 브랜드와 협업도 진행 중입니다. 노티드만의 고유한 맛과 감성을 편의점, 뷰티 상품 매장, 백화점에서도 만날 수 있도록 다양한 영역에서 활발하게 브랜딩을 전개하고 있습니다.

대나무 이미지 하나가 일으킨 효과

담양에서 제일 유명한 것은 무엇일까요? 바로 대나무입니다. '담양제과'는 담양의 상징인 대나무를 이용한 시그니처 디자인으로 유명한 카페입니다.

담양제과의 시그니처 메뉴인 대나무 케이크는 댓잎을 갈아 넣은 케이크 시트를 대나무 통 안에 깔고 그 위에 크림을 겹겹이 얹어 숙성시킨 다음 떠먹는 케이크입니다. 댓잎 모양으로 마지막 장식까지 더해 케이크를 떠먹을 때 대나무를 온전히 느낄 수 있게 해줍니다. 대나무 우유는 댓잎을 넣어 만든 우유입니다.

댓잎 모양의 로고 디자인은 매우 심플하고 예쁩니다. 패키지

©담양제과

담양제과는 지역 특산품인 대나무의 감성을
따뜻하고 간결한 디자인의 패키지로 만들어냈다.

와 메뉴 위에 공통으로 올라가는 이 로고 이미지는 '담양제과'라는 담백한 이름과도 잘 어울립니다. 대나무 우유에는 영문으로 'Bamboo Milk'라고 쓰인 라벨이 붙어 있어 전체적으로 메뉴와 함께 비주얼이 조화롭습니다.

담양제과는 카페가 위치한 지역적 특성을 살려 대나무 감성을 간결하고 따뜻한 감성의 패키지로 만들어냈습니다. 전체적으로 흰색, 아이보리, 톤다운된 그린 색상을 쓰고, 메뉴를 담는 대나무 통과 댓잎을 넣어 만든 다양한 메뉴의 색감이 잘 어울리게 디자인했습니다. 담양제과의 이 디자인은 문화체육관광부 장관상과 국내 우수 디자인 어워드를 수상하고, 한국관광공사의 '한국관광명품'으로 인증받기도 했습니다. 미적 감각이 뛰어난 디자인으로 담양제과에 들르고 싶고 담양으로 여행을 가고 싶게 만들었습니다.

캠핑의 필수품이 된 노숙자의 우유 박스

배우 이천희와 동생 이세희 씨가 공동 창업한 '하이브로우HI-BROW'는 목공 기반 캠핑 라이프 스타일 브랜드입니다. 평소 형제가 손으로 하는 작업을 좋아해 아버지 창고에서 취미로 시작한 것이 이제는 셀럽, 캠핑 애호가, 인테리어에 관심 있는 사람들이 찾는 브랜드가 되었습니다. 매년 유명 브랜드를 골라 협업하는 아이코닉한 라이프 스타일 브랜드가 된 것입니다.

하이브로우의 시그니처 상품이자 스테디셀러 상품은 우유 박스입니다. 이 상품을 기획하게 된 계기는 이천희 씨가 미국 촬영 출장 중 우연히 본 어느 노숙자의 우유 박스에서 비롯됐습니다. 미국 길거리에서 우유 박스를 눈여겨보았다가 한국에 돌아온 후 감각적인 색감과 간결한 디자인을 더해 상품화한 것입니다.

최소한의 짐으로 길에서 의식주를 해결해야 하는 노숙자의 상황은 캠핑족 상황과도 잘 맞아떨어집니다. 물론 생존을 위한 노숙과 취미로 하는 캠핑은 엄연히 다르겠지만, 큰 맥락에서 보자면 캠핑 역시 모든 경우의 날씨에서 수납, 이동, 최소의 무게와 부피, 다양한 활용도, 간편성, 튼튼함이 중요합니다.

하이브로우의 우유 박스는 부피를 최소화해 차에 안정적으로 짐을 실을 수 있는 이동형 수납장이자 걸터앉을 수 있는 의자입니다. 또한 소품을 올려두는 선반이나 뒤집어 근사한 아웃도어 테이블로도 쓸 수 있습니다. 색감이 다양하고 예뻐 카페나 가정에서 소품 및 인테리어 아이템으로도 활용 가능합니다.

이렇게 하이브로우는 노숙자 우유 박스에서 착안해 우리 주변에서 흔하게 볼 수 있는 플라스틱 박스를 새로운 상품으로 탄생시켰습니다. 디자인 감각 덕분입니다. 색상을 입히고, 로고를 올리고, 보기 좋고 유용한 목공 상판을 얹어 시그니처 상품

배우 이천희 씨는 노숙자 우유 박스에서 착안해
감각적이고 실용적인 캠핑용품을 만들었다.

으로 만든 것입니다. 이렇듯 잘 만든 하나의 아이템은 캠핑용 박스, 의자, 캐리어, 수납 가구 등으로 두루두루 활용할 수 있고, 레고처럼 쌓아 올려 여러 가지 형태의 가구와 소품으로도 활용할 수 있습니다.

이처럼 디자인 감각이 있다면 누구든 일상을 세심히 관찰해 아직 브랜드화하지 않은 것에 창의적인 디자인을 적용해보고, 이를 발전시켜 하나의 온전한 브랜딩으로 만들 수 있을 것입니다.

단 하나의 메시지로 끌고 가는 브랜딩

'정육각'은 '언제나 초신선'이라는 핵심 메시지로 일관된 브랜딩을 펼치고 있습니다. '정육각'이라는 브랜드명과 연관되는 정육각형 아이덴티티를 로고 디자인으로 만들었고, 패키지 디자인에는 화이트와 블랙 컬러만 사용해 고기, 달걀, 우유 등이 선명하게 잘 보이도록 했습니다. 포장재 디자인으로 전달되는 이미지도 '초신선'이라는 메시지에 집중한 것입니다. 또한 배송하기 직전 도축하여 신선하게 바로 보내는 '신선플랜'이라는 배송 프로그램을 운영하고 있습니다.

제품 카테고리는 심플한 아이콘과 함께 '돼지, 소, 닭, 수산, 우유, 달걀' 등 일상생활 용어를 사용했습니다. '무항생제', '초신선'뿐만 아니라 '갓 잡은 돼지고기', '제대로 숙성한 소고기',

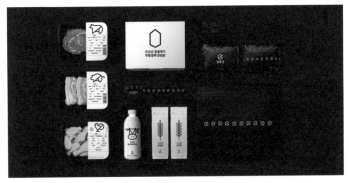

'초신선'이라는 핵심 메시지로 일관된
브랜딩을 펼치고 있는 정육각.

'오늘 짠 우유', '오늘 잡은 닭고기', '산지처럼 초신선한 수산'
등 카테고리별로 가장 직관적인 제품 설명을 시원시원한 폰트
에 담았습니다.

　고객 대부분 PC 화면이 아니라 세로로 길고 좁은 모바일 핸
드폰 화면으로 쇼핑하고 제품 정보를 얻는 오늘날은 많은 정보
를 담기보다는 간결하고 직관적인 이미지와 단 하나의 메시지
가 더 설득력을 얻게 마련입니다.

브랜드 아이덴티티와
스타일 가이드

앞의 사례들에서 살펴보았듯이 간결한 하나의 이미지에서 출발한 디자인이 집약된 것이 곧 브랜드 아이덴티티BI, Brand Identity입니다. 이 BI의 중요성은 아무리 강조해도 지나치지 않습니다.

국내 최대 편의점 프랜차이즈 CU를 운영하는 종합 유통 서비스 기업인 'BGF리테일'은 2017년 CU 편의점을 리브랜딩하면서 BI, 비주얼 아이덴티티Visual Identity와 스토어 아이덴티티 SI, Store Identity를 전체적으로 바꾸었습니다. 2012년, 일본 브랜드이던 '훼미리마트' 간판을 떼어낸 데 이어 한 단계 더 나아간 지금의 CU 디자인을 완성한 것입니다.

사이니지에는 'Nice to CU'만 남겼고, 멀리서도 CU 로고가

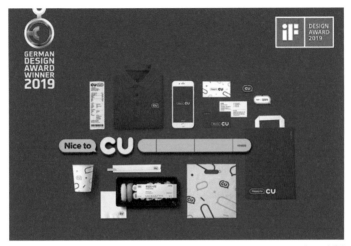

멀리서도 알아볼 수 있는 단순하고 선명한 디자인의 CU 로고.

잘 보이도록 크게 만들었습니다. 특히 주변 간판이 복잡하고 야간에 영업을 하는 편의점 환경 특성상 밝은 연두색을 배경으로 흰색의 CU 로고가 선명하게 보이도록 했습니다. 어딜 가든, 주변에 무엇이 있든, 멀리서도 연두색과 보라색의 조합만 보면 누구나 CU 편의점을 알아볼 수 있게 한 것입니다.

이 디자인은 독일의 레드닷 디자인 어워드, 미국 산업디자인협회의 IDEA 어워드와 함께 세계 3대 디자인 어워드로 불리는 독일 iF 디자인 어워드에서 커뮤니케이션 CI/Branding 부문 본상을 수상하는 등 좋은 반응을 얻었습니다.

브랜딩 톤앤매너를 유지해주는 디자인 가이드라인

공들여 만든 BI를 잘 활용하려면 디자인 가이드라인도 신경 써야 합니다. 좋은 예가 '배달의민족'입니다. 배달의민족은 입점 업체들이 이용할 수 있는 '배민사장님광장'(현재는 '배민외식업광장'으로 개편) 사이트를 만들고 배달의민족 로고를 이용해 디자인을 쉽게 할 수 있도록 가이드라인을 제공하고 있습니다. 가이드라인에는 4가지 BI 파일은 물론 로고 사이즈, 종류별 사용 예시, 권장 사이즈 안내, 정확한 표기법, SNS 게시용 이미지 안내 등이 세부적으로 설명되어 있습니다. 개별 입점 업체에서 정확하고 일관된 디자인 톤앤매너를 유지해 자체 홍보물, 배너 이미지 등을 제작할 수 있도록 한 것입니다. 이렇게 사용하면 안 된다는 예시도 정확하게 표시돼 있습니다.

외부 업체와의 협업뿐만 아니라 내부 소통에서도 디지인 가이드라인은 유용합니다. 서로 다른 전문성을 바탕으로 유기적으로 협업하는 조직에서 하나의 일관된 두앤돈트Do&Don't(해야 할 것과 하지 말아야 할 것) 리스트를 공유하면 디자인 아이덴티티를 일관적이면서도 조직적으로 또 체계적으로 유지할 수 있습니다. 혼자 브랜딩 업무를 진행하더라도 잘 만든 디자인 가이드라인이 있으면 일이 크게 줄어듭니다.

디자인 톤앤매너를 규정하고 가이드라인을 정하는 것은 브랜딩 과정에서 필수 작업입니다. 그래야 시간을 두고 오래 보

- 로고와 유사한 폰트 사용 및 '배달의 민족'으로 띄어쓰기는 불가하며 임의로 변경하지 않은 최신 캐릭터를 사용해주세요.

- 콜라보를 사용하는 'X'표시는 사전 협의 없이 사용할 수 없습니다.

©배달의민족

배달의민족은 입점 업체들이 자사 BI를 정확하게 사용하도록
친절한 가이드라인을 제공하고 있다.

아도 흔들림 없이 브랜딩 색깔을 유지할 수 있습니다. 직급이 높은 사람의 의견에 따라 갑자기 돈앤매너를 바꾸거나 일부 고객의 의견이 전체를 반영하는 듯 브랜드 방향성에 영향을 주거나 자주 살펴보는 경쟁사에 자극을 받아 나도 모르게 브랜드 결이 바뀌거나 하지 않도록 중심을 잘 잡아야 합니다.

2

Micro-segmentation

좁고 깊게 파고든다

전국구
국민 브랜드는 갔다

바야흐로 전국구 브랜드 시대에서 취향 중심의 세분화된 브랜드 시대로 접어들었습니다. 흔히 베이비붐 세대라 일컬어지는 지금의 할아버지, 할머니 혹은 중장년층 세대의 어린 시절을 생각해봅시다.

라면, 조미료, 분유, 과자, 음료, 옷, 자동차, 화장품, 하다못해 씹는 껌까지 CF에 나오는 브랜드가 전국 소비자들의 일상을 평정했습니다. 머리에 각인되어 아직도 많은 사람이 기억하는 수많은 시엠송처럼 특정 브랜드는 모두에게 유명했고, 전국을 휩쓸었습니다. 한 사람의 평생은 물론 세대를 뛰어넘으며 영향력을 행사했습니다.

제품군마다 브랜드가 많지 않고 상대적으로 적은 수의 브랜드를 온 국민이 즐겨 사용하던 시절의 이야기입니다. 당시에는 대기업의 전국구 유명 브랜드 혹은 탄탄한 중소기업이 운영하는 브랜드가 대부분이었습니다.

하지만 지금은 달라졌습니다. 오늘날은 취향의 시대입니다. 스쿠 또는 에스케이유라고 하는 품번SKU, Stock Keeping Unit은 재고관리를 위해 사용하는 최소한의 단위를 일컫습니다. 동일한 제품이라도 사이즈나 색상이 다르면 별도의 SKU를 부여받습니다.

화장품만 하더라도 수많은 브랜드와 신상품이 해마다 쏟아져 나옵니다. 뷰티 업계 전문가도 모든 브랜드를 일일이 알고 써보기 어려울 정도로 많은 상품이 쏟아집니다. 그러니 색상, 사이즈, 디자인에 따라 고유하게 붙는 SKU의 개수는 훨씬 더 많을 것입니다.

이제 '유명한' 제품보다 '나에게 맞는' 제품이 더 중요한 시대가 되었습니다. 전 국민을 타깃으로 삼아 두루두루 맞을 만한 평타 수준의 브랜드로는 이도 저도 안 됩니다. 무난한 브랜드는 콘셉트를 설정하는 일부터 애매해집니다. 분명한 특징이 있어야 하고, 구체적인 타깃 고객에 맞춰 제품 속성이나 서비스를 차별화할 수 있어야 말이 됩니다. 누군가 '어떤 브랜드야?'라고 물었을 때 '이런 브랜드야'라고 콕 집어서 대답할 수 있어야 합니다.

하나만 파서 글로벌 시장 1위

한 우물만 잘 파면 글로벌 시장에서 1위를 할 수 있습니다. 물론 한 우물을 하나의 방식으로 주야장천 파야 하는 것은 아닙니다. 한 우물을 파되 다양한 도구를 사용하고 변화된 방식으로 접근해 오랫동안 기획하고 생각한 그 지점에 도달할 수 있어야 합니다. 그러면 전국구가 아닌 '세계구', 즉 시장의 크기가 전국구가 아닌 세계시장으로 확대됩니다.

'서울시스터즈'는 김치 파우더 제품으로 처음부터 미국 아마존 시장에 진출해 칠리 파우더 부문에서 판매 1위를 달성했습

©서울시스터즈

김치 파우더 제품 하나로 미국 시장에 진출해
칠리 파우더 부문 1위를 달성한 서울시스터즈.

니다. 안태양 대표는 서울시스터즈의 경쟁 상대가 처음부터 김 치가 아닌 칠리 파우더 그리고 일본식 고춧가루인 시치미였다고 말합니다. 국내시장은 이미 대기업과 인지도 높은 브랜드가 자리를 차지하고 있고 김치를 가루 형태로 즐기는 문화가 없어 애초에 해외시장 진출을 염두에 두었다는 것입니다. 결국 그는 유산균을 넣은 김치 파우더를 개발해 해외시장에서 성공을 거두고 역으로 국내시장에도 진출했습니다.

캠핑 의자계의 에르메스라 불리는 '헬리녹스Helinox'는 알루미늄 회사가 최고의 품질을 선보이는 캠핑 의자 및 캠핑용품 전문 브랜드로 어떻게 발전할 수 있는지를 보여주는 좋은 사례입니다.

B2B 제품이라 소비자 인지도는 조금 떨어질 수 있지만 동아알루미늄DAC 제품은 전 세계 텐트 폴 시장의 90%를 점유한 품질력 뛰어난 중소기업이었습니다. 무게는 줄이고 강도를 높이면서 폴과 폴을 직접 결합할 수 있는 조인트를 개발해 캠핑 폴대 영역에서 품질력을 인정받았습니다. 고강도 폴대 알루미늄 기술을 이용하여 캠핑 의자에 집중해 헬리녹스라는 브랜드를 만들었고, 마침내 '체어원'이라는 캠핑 의자를 내놓았습니다.

회장의 아들인 라영환은 기획력을 바탕으로 프랑스 루브르 박물관 유리 피라미드 설립 30주년을 기념해 치러진 '시네마 파라디소 루브르' 행사장 1,000개의 좌석을 특별 제작한 리미

프랑스 루브르 박물관 유리 피라미드 설립 30주년 기념 행사를 위해
특별히 제작한 의자 덕분에 헬리녹스는 글로벌 프리미엄 아웃도어 브랜드로 거듭났다.

티드 에디션 의자로 설치했습니다. 헬리녹스는 전 세계 이목을 단숨에 받았고, 이를 계기로 글로벌 프리미엄 아웃도어 브랜드로 거듭났습니다. 헬리녹스의 품질력이 전 세계 무대에 데뷔하는 상징적 협업이었습니다.

'컬래녹스'라는 별명이 생길 만큼 해외 유명 브랜드와 다양한 컬래버레이션을 펼친 헬리녹스는 글로벌 패션 신에서 힙한 행보를 꾸준히 보여주고 있습니다. 슈프림, BTS, 라이카, 메종키츠네 등 수많은 글로벌 브랜드와 협업하여 힙한 에디션과 한정판 컬래버레이션 제품을 쏟아내는 등 끊임없이 화제를 만들어내는 중입니다. 여러 브랜드 중 하나도 성사되기 어려운 게 현실인데 콧대 높은 다양한 브랜드와 연이어 협업하고 있습니다. 그 결과 전 세계적으로 최고의 품질이라는 이미지를 얻었고, 캠핑 의자 시장에서 선두 자리를 차지했습니다.

초세분화를 위한
2가지 질문

　브랜딩의 시작은 우리의 고객이 어떤 사람들인지를 규정하는 것입니다. 어떤 고객인지 타깃이 명확해야 구체적인 포지셔닝을 설정하고 브랜드 전략을 펼쳐나갈 수 있기 때문입니다. 불과 10년 전까지만 해도 고객을 20~30대, 30~40대, 40~50대와 같이 나이대로 구분짓거나, '2030 여성' 하는 식으로 나이와 성별로 나누거나, '어린 자녀를 둔 젊은 부모'와 같이 가족 구성군으로 어림잡곤 했습니다.

　이제는 한발 더 들어가 고객의 취향을 규정지어야 하는 시대가 되었습니다. BTS 팬을 지칭하는 전 세계 '아미ARMY'의 공통점은 나이와 국적이 아닙니다. 직업도, 성격도 제각각입니다. 대체로 모이는 공통 지점 따위는 없습니다. 공통점이라고 한다면 정의를 위해 목소리를 내고 약자를 도우려는 선한 마음을 가졌다는 것입니다. 인구통계학적 공통점이 아니라 감성적인 공통점으로 모여 좋은 일을 함께 하고 글로벌 사회를 위해 또 다른 선한 영향력을 전파하고 있는 것입니다.

이렇듯 이제는 통계학적 세분화에서 한 단계 더 나아가 감성과 취향을 기반으로 고객을 초세분화Micro-segmentation하는 시대입니다.

만약 애슬레저 룩 패션 브랜드를 새롭게 론칭한다면, 어떤 고객을 타깃으로 삼아야 할까요? 아마도 주어진 예산은 전국구 잠재 고객 모두에게 다가갈 규모는 아닐 것입니다. 패셔너블한 운동복 애슬레저 룩이 필요 없거나 애슬레저 룩에 전혀 관심 없는 대중 전체에게 허공의 메아리 같은 광고를 할 필요는 없습니다. 처음부터 정확하게 요가나 필라테스를 하거나 할 예정인 사람에게, 애슬레저 룩에 돈을 지출할 의사가 있는 사람에게 정보를 집중해야 합니다.

그렇다면 우선 요가복이나 애슬레저 패션을 선호하는 사람들의 라이프 스타일을 분석해서 연관된 키워드를 도출해야 합니다. 요가, 필라테스, 다이어트, 조깅, 육아, 강아지 산책 등을 하거나 평소 트레이닝화, 필라테스 폼롤러, 필라테스 양말, 다이어트, 식단 조절, 운동복, 크롭탑과 같은 아이템을 검색하고 관련된 상품을 구매하는 사람들을 가장 가까운 잠재 고객으로 설정할 수 있습니다. 이렇게 고객을 세분화해야 집행 비용 대비 효율적인 광고 도달률을 성취할 수 있습니다.

정확한 타깃 설정은 광고가 불편한 소음이 되지 않도록 하기 위해서도 중요합니다. 만약 아이가 없는 가정에 육아나 유아 및 교육 관련 콘텐츠를 지속적으로 제공한다면 불필요한 광고로 다가갈 것입니다. 하지만 아이가 있는 집에 아이 성장과 교육 단계에 알맞은 프로모션 정보를 제공한다면 괜찮은 정보가 될 것입니다.

만약 타깃을 지나치게 세부적으로 잡아서 표본 데이터가 너무 적거나 좁다면, 촘촘한 고객 세분화 기준을 조금 느슨하게 풀어내 조금 더 넓게 설정하면 됩니다.

● 브랜딩 노트 ●

선택과 집중으로 수익 올리는 퍼포먼스 마케팅

퍼포먼스 마케팅Performance Marketing이란 각종 데이터를 수집하고 분석해서 정확하게 타기팅된 고객에게 맞춤형 광고를 제공하는 것을 의미합니다. 요즘 인스타그램, 페이스북, 카카오, 구글 등에서 더욱 활발하게 사용되고 있는 이 방법은 선택과 집중을 통해 효율성을 높이는 광고 전략입니다. 큰 바다에서 그저 고기가 낚이기를 하염없이 기다리는 것이 아니라 한정된 비용과 시간으로 정확한 포인트에 낚싯대를 놓는 것이 핵심입니다.

예를 들어 여성 요가복 브랜드의 세일 광고를 온라인 포털 사이트와 인스타그램에서 스폰서 광고로 집행한다고 해봅시다. 20~30대 여성으로 타기팅하여 광고를 집행하려면 전국의 모든 2030 여성에게 노출해야 합니다. 하지만 그러기에는 광고 집행 비용이 너무 많아 웬만한 예산으로는 다 커버할 수 없습니다. 또한 그중에서 실제로 요가를 하는 사람이나 요가복 쇼핑에 관심이 있는 사람이 과연 어느 정도나 되겠는가 하는 점도 고려해야 합니다.

따라서 타깃을 초세분화하여 자사몰에서 지난 2년간 요가복이나 트레이닝복을 구매한 이력이 있는 고객, 최근 3개월 이내에 자사 사이트를 방문한 고객, 오프라인 매장에서 진행한 요가 이벤트에 참석한 적이 있는 고객, 자사 브랜드 뉴스레터를 받고 있는 회원 등으로 좁혀서 정교하게 타깃을 설정하는 게 좋습니다. 인스타그램 광고도 지역별로, 나이대별로 초세분화하여 광고 예산에 맞게 설정할 수 있습니다.

온라인 광고에서는 리타기팅Retargeting 전략이 많이 쓰입니다. 리타기팅이란 구매 기록이나 방문한 웹사이트 정보 등을 토대로 사용자와 관련성 높은 광고를 선별해 노출하는 방식을 의미합니다. 포털 사이트나 특정 애플리케이션을 통해 검색한 상품이나 관련 상품이 다음 접속 시에도 하단 광고로 지속해서 나타나는 것이 바로 리타기팅을 이용한 온라인 광고입니다. 리타기팅 역시 효율을 높이기 위한 선택과 집중 그리고 반복의 광고 기법입니다.

지금, 고객에게 가장 중요한 것은 무엇인가?

브랜딩에서 차별화는 가장 중요한 본질입니다. 차별화를 고민하다보면 다양한 아이디어와 전략이 샘솟는데, 브랜드가 지닌 다양한 특징 중에서 무엇이 가장 중요한지 경중을 가려내야 합니다. 물론 그 기준은 철저하게 '고객'이 되어야 합니다. 따라서 조직에서 나보다 직급이 높은 사람이 제안한 아이디어보다 고객한 사람이 남긴 리뷰 댓글이 더 중요한 기준이 되어야 합니다.

그렇다면 고객의 생각은 어떻게 읽어낼 수 있을까요? 고객이 중요하게 생각하는 구매 기준은 무엇일까요? 우리 브랜드의 경쟁력은 어디에서 얻을 수 있을까요?

소셜 리스닝은 소셜 플랫폼상에서 실시간으로 사용하는 방대한 언어를 채집하여 분석하는 것입니다. 네이버 연관어, 유튜브 연관어 등도 소셜 리스닝의 한 예입니다.

이러한 분석과 판단을 보다 정교하고 빠르게 하도록 도움을 주는 좋은 툴이 많이 나와 있습니다. 예를 들어 '토크워커(www.talkwalker.com)'와 같은 해외 유료 사이트나 '썸트렌드(https://some.co.kr)'와 같은 국내 설루션 사이트가 있습니다. 썸트렌드에는 2개의 브랜드를 비교해서 연관어를 분석해 보여주는 기능이 있습니다. 경쟁사 브랜드와 연관어를 비교해보면 2개 브랜드에서 소비자들이 공통적으로 중요하게 생각하는 요소가 무엇인지 나옵니다.

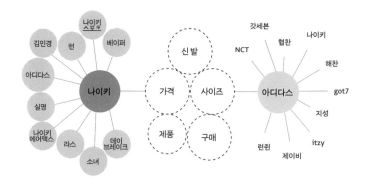

썸트렌드에서 살펴본 '나이키'와 '아디다스' 연관어 비교

　예를 들어 썸트렌드에서 나이키와 아디다스 연관어를 살펴
보면 '사이즈', '구매', '신발', '가격', '제품' 등이 소비자가 중요
하게 생각하는 공통 요소로 크게 표현이 됩니다. 이때 원의 크
기는 중요도의 차이를 보여주는데 원이 클수록 더 중요하게 생
각하는 요소라고 할 수 있습니다. 또한 나이키, 아디다스 하면
떠오르는 이미지를 다이어그램으로 시각화하여 보여줍니다.

　이를 통해 우리 브랜드를 포지셔닝할 때 차별화 지점이 어
디인지, 어떤 브랜드 경험이 중요한지, 상품의 차별화를 무엇
에서 가져올지, 고객이 불편해하는 고충은 어떤 것인지 등을
판단할 수 있습니다.

지금, 우리 브랜드의 위치는 어디인가?

RTBReason To Believe는 브랜드의 특징과 핵심을 한마디로 정의한 핵심 가치입니다. RTB를 뽑고 그에 맞는 마케팅 전략을 세우려면 지금 우리 브랜드의 정확한 위치를 파악해야 합니다. 대략적인 느낌으로 아는 것과 객관적으로 정확히 분석한 데이터를 기반으로 아는 것에는 큰 차이점이 있습니다.

또한 우리 브랜드의 여러 소구점 중에서 무엇을 내세울지 결정하기 위해서는 사람들이 실제로 어떤 가치에 무게중심을 두는지 분석해봐야 합니다. 내가 중요하게 생각한 것, 우리 부서에서 준비한 마케팅 방안이 고객이 실제로 찾고 비교하는 잣대와는 거리가 멀 수도 있습니다.

우선, 현재 우리 브랜드의 정확한 위치는 매출 규모, 시장점유율 그리고 월간 검색수 등으로 빠르게 판단해볼 수 있습니다. 이때 브랜드 인지도, 상품에 대한 비교 우위, 연관 검색어, 신상품에 대한 반응, 경쟁사와의 경쟁 우위 등을 한눈에 알아보려면 월간 검색수를 살펴보는 것이 가장 효율적입니다.

네이버 광고에서 '도구' 툴을 이용하면 원하는 주요 검색어를 입력해 월간 검색어 현황을 비교해볼 수 있습니다. 네이버 포털 사이트에 로그인한 후 '네이버 광고'를 입력하고 들어가면 무료로 기초적인 키워드 분석이 가능합니다. 네이버 검색광고 페이지(searchad.naver.com)에 로그인하여 도구 툴에서 관심 있는 키워드를 정하고 키워드 몇 개를 입력하면 입력한 키워드의 연관 검색어와 함께 모바일·온라인 검색수를 볼 수 있습니다. 한눈에 보기 쉬운 자료나 보고 자료가 필요하면 엑셀 파일을 도출해 간단한 도표로 만들 수도 있습니다.

결과를 살펴보면 연관 검색어별로 얼마나 차이가 나는지 알 수 있습니다. '많이', '좀 더 많이'가 아니라 '약 2배 차이', '약 5배 차이' 등으로 스캐닝이 가능해 매우 유용합니다. 지난 한 달 동안 포털 서비스를 이용한 사람들의 검색 기록을 총망라한 통계이기 때문에 우리 브랜드는 물론 경쟁사 브랜드의 연관 검색어까지 정확하게 파악할 수 있습니다. 쉽게 말해 고객의 뇌 구조를 빠르게 훑어보는 셈입니다.

예를 들어 '햇반'과 '오뚜기밥' 2가지 키워드로 월간 검색어를 살펴보겠습니다. 사람들이 한 달간 모바일과 온라인에서 검색한 숫자와 함께 연관 검색어를 알아볼 수 있습니다. 햇반이 오뚜기밥보다 5.4배 정도 검색어가 많아 보입니다. '곤약밥'과 '현미밥'이 햇반에 이어 높은 검색어 순위에 올라 있습니다. 이는 상대적으로 칼로리가 적은 즉석밥에 대한 정보를 사람들이 많이 찾아본다는 의미입니다.

다음 도표에는 나타나 있지 않지만 엑셀 데이터로 다운받아 더 많은 연관 검색어를 촘촘하게 살펴보면 고객이 우리 제품을 어떤 상황에서 많이 이용하는지, 주로 어떤 제품과 함께 이용

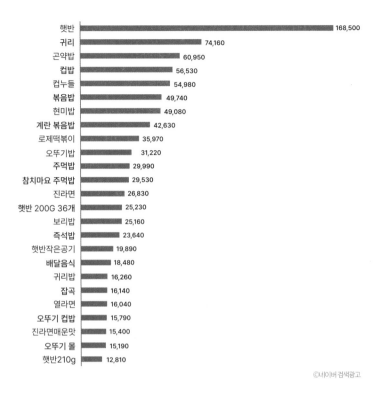

'햇반'과 '오뚜기밥' 월간 검색수

하는지 그리고 우리 제품과 경쟁사 제품은 어떤 차이점이 있는지까지 알 수 있습니다. 이렇듯 키워드 검색어 통계를 살펴보면 고객의 생각 구조를 분석할 수 있어 차별화할 세일즈 포인트에 대한 실마리를 찾아낼 수 있습니다.

두 회사의 제품에 대해 무엇이 더 맛있는지에 대한 갑론을

박 후기도 블로그에서 많이 찾아볼 수 있는데, 밥이라는 것이 미세한 차이가 있고 선호하는 지점이 다르다보니 각자의 취향과 평가가 분분합니다. 그만큼 사람들이 어떤 기준으로 2개를 비교하고 인식하는지 한눈에 알기가 어렵습니다.

그래서 썸트렌드에서 2022년부터 2023년까지 1년간 햇반과 오뚜기밥에 대해 어떤 긍정어가 있었는지 워드맵으로 찾아보면 햇반은 '진심'이라는 긍정어가 가장 많았고, 오뚜기밥은 '맛있다', '합리적'이라는 긍정적 이미지가 가장 많았습니다.

워드맵에서 글자의 크기는 언급되는 양에 비례한다고 보면 됩니다. 긍정어뿐만 아니라, 부정어나 중립어도 같이 선택해서 사람들에게 어떤 이미지로 다가가는지 살펴보면 마케팅 전략과 판촉 행사를 어떻게 기획해야 할지 실마리를 얻을 수 있습니다.

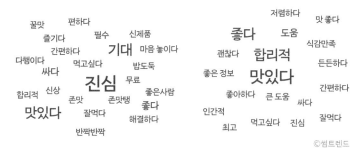

ⓒ썸트렌드

'햇반'과 '오뚜기밥' 관련 긍정어 비교

타깃 설정부터
과감하게

유명한 건축가 리처드 로저스 경의 건축 철학을 담아 공간을 설계한 '더현대 서울'은 영국 매거진 〈모노클〉의 '최고의 리테일 디자인'으로 선정되기도 했습니다.

사실 더현대 서울은 지금과 같이 코로나 이후의 리오프닝Re-opening 특수를 누릴 만한 상황이 아니라 앞을 예측할 수 없는 코로나 팬데믹 한가운데에서 대규모로 오픈하는 것이었고 그만큼 대담한 투자였습니다. 2021년 초 개장한 더현대 서울은 기존 백화점 마케팅 공식을 과감히 깨고 파격적인 MD 전략으로 젊은 세대의 놀이터가 되었습니다.

더현대 서울이 기준을 잡은 주요 타깃은 처음부터 젊은 세대였습니다. 약 8만 9,100㎡(2만 7,000평)의 거대한 백화점 공간은 젊은 고객을 위해 철저하게 기획해 만든 놀이터이자 백화점 공간에 대한 새로운 혁신이었습니다. 취향이 분명한 젊은 고객을 타깃으로 삼아 그들의 특성을 연구해 기존의 층별 입점 공식이나 브랜드 공식 따위를 철저히 깼습니다.

불과 얼마 전까지만 해도 백화점 내 동선은 과거 일본식 백화점을 답습하는 것이 공식처럼 여겨졌습니다. 고객들이 에스컬레이터를 타고 돌아가면서 수많은 브랜드를 거치는 과정에서 물건을 사고 싶은 유혹을 느끼게 하는 것이 대표적입니다. 소비자 입장에서는 꽤 불편할 수도 있는 시스템입니다. 또 다른 백화점 불문율은 시계와 창문을 없애 고객들이 낮인지 밤인지 잘 느끼지 못하게 하는 것입니다.

더현대 서울의 파격 행보

더현대 서울은 바로 그 공식을 깼습니다. 철저하게 반대로 움직였습니다. 샤넬 패션쇼를 진행하는 프랑스의 그랑 팔레 Grand Palais(1900년 파리 샹젤리제 거리에 건립된 미술관)가 떠오르는 백화점 5층 공간의 거대한 유리 온실 같은 천장을 통창으로 만들었습니다. 통창으로 자연광이 온종일 쏟아져 내려와 낮이면 백화점 어느 곳에서든 자연의 빛을 느낄 수 있습니다. 그리고 이 통창 아래에 작은 숲을 조성해 실내인지 실외인지, 백화점인지 공원인지 헷갈릴 정도로 낯선 풍광을 연출했습니다.

또한 영업 공간이 평균 65%인 타 백화점들에 비해 더현대 서울은 51%밖에 되지 않습니다. 나머지는 고객의 휴게 공간으로 배치하는 과감성을 보였습니다.

파격은 거기서 그치지 않았습니다. '에루샤'로 불리는 3대 명품 브랜드 에르메스, 루이비통, 샤넬을 없애고 젊은 세대가 좋아하는 브랜드를 다수 과감하게 배치했습니다. 지금까지 팝업 스토어도 300회 이상 열었습니다. H&M의 프리미엄 브랜드 아르켓Arket, 온라인 브랜드 번개장터의 오프라인 매장인 BGZT 1호점을 입점시키기도 했습니다. 또 '최고집'이라는 귀여운 일러스트레이션의 문구용품 브랜드를 잘 보이는 메인 층에 배치했습니다.

이 밖에 스페이 작가 사진전 갤러리를 운영하기도 합니다. 갤러리는 한참 올라가야 하는 꼭대기 층이 아닌 메인 층에서 운영합니다. 1층 명품·뷰티 브랜드, 2층 패션 브랜드, 3층 여성 브랜드, 4층 남성 브랜드, 5층 유아 및 라이프 스타일, 6층 식당 등 같은 종류의 매장을 층별로 묶어 배치하는 전통적인 조닝 구성에서 탈피한 완전히 새로운 시도입니다.

이 모든 것은 '쇼핑'보다는 '경험'에 더 초점을 맞췄기에 가능한 일이었습니다.

최근 롯데백화점의 몇몇 지점 1층에서 고객을 견인하는 앵

코로나 팬데믹 상황에서 오픈한 더현대 서울은
기존의 백화점 마케팅 공식을 깨고 공간 설계부터 입점 브랜드까지
젊은 고객을 타깃으로 한 파격적인 MD 전략으로 젊은 세대들의 놀이터가 되었다.

커 브랜드Anchor Brand를 쉐이크쉑과 같은 해외 유명 햄버거 브랜드가 차지하고 있는 것도 비슷한 맥락입니다. 해외 명품 브랜드, 향이 중요한 뷰티 브랜드가 우아하게 입점되어 있는 1층에 맛있는 냄새가 나는 F&B 브랜드나 커피 브랜드를 배치한다는 것은 이제 고객을 견인하고 닻을 내리는 브랜드가 그만큼 다양해지고 역동적으로 바뀌고 있음을 의미하는 방증이기도 합니다.

〈현대백화점 지속가능경영보고서 2021〉에 의하면 더현대 서울은 2021년 2월 오픈 후 1년 동안 3,000만 명이 다녀갔고 그중 MZ 세대는 50.3%였습니다. 매출은 오픈 1년 만에 8,005억 원, 2년 차인 2022년에는 1조 원에 가까운 9,770억 원을 달성했습니다.

기사에 따르면 2년간 누적 방문객은 8,000만 명에 이르고, 그중 30대 이하 방문객이 5,200만 명이라고 합니다. 국내 2030 세대가 2년간 더현대 서울에 네 번씩 방문한 셈입니다. 만약 더현대 서울의 타깃 고객을 실제 백화점 고객의 연령대로 삼았다면, 그 전 현대백화점의 VIP 고객이나 여의도 주변의 수준 높은 고객 취향에 맞췄다면 지금의 결과는 사뭇 달랐을 것입니다. 젊은 세대는 대형 백화점의 제1고객층으로 설정하기에는 사실 상대적으로 소비력이 떨어질 수 있지만, 오히려 트렌드를 과감하게 받아들이고 이끄는 이들을 타깃 삼아 디테일하게 모든 전략을 구체화했기에 가능한 결과입니다.

빠르게 고객 프로파일 만드는 방법

우리 브랜드는 어떤 사람들을 고객으로 삼아야 할까요? 브랜딩을 이제 막 시작하는 단계라면 고객 프로파일 없이 가설적으로 고객을 타기팅해야 합니다. 이때는 우리 브랜드의 잠재적 고객 프로파일을 이해하기 위해 주로 어떤 고객이 어떤 아이템에 관심을 두는지, 우리 브랜드와 관련된 검색어를 주로 어떤 고객들이 찾아보는지 등을 뭉뚱그려서라도 알아두는 것이 좋습니다.

예를 들어 블랙키위(blackkiwi.net)에서 '예쁜 커피숍'이라는 키워드를 검색하면 예쁜 커피숍과 관련된 연관 검색어와 그 순위를 한눈에 알 수 있습니다. '예쁜 커피숍'을 검색해보는 사람의 연령은 주로 40대이고, 성별은 무려 88%가 여성이며, 요일은 토요일과 일요일에 집중되어 있음을 알 수 있습니다.

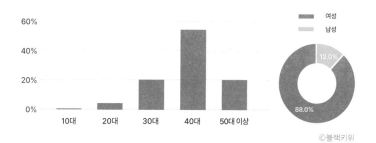

©블랙키위

'예쁜 커피숍'을 검색해보는 사람

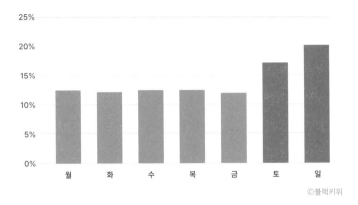

요일별 '예쁜 커피숍' 검색 비율

반면 '나이키 한정판'이라는 키워드를 블랙키위에서 찾아보면 주로 30~40대가 많은 관심을 보이고 있으며, 남성이 55.6%를 차지하는 것으로 나타납니다.

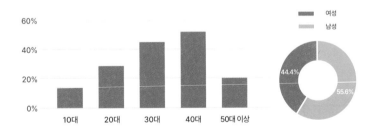

'나이키 한정판'을 검색해보는 사람

이러한 통계에서 알 수 있듯이 주말에 예쁜 커피숍을 찾는 사람은 40대 여성이 주를 이루고, 한정판 나이키 신발을 찾는 사람은 3040 남성 고객이 좀 더 많습니다.

이런 식으로 새로이 브랜딩하는 상품의 잠재 고객을 직접적인 고객 데이터나 프로파일 분석 없이 유사 제품을 통해 일차적으로 잡아볼 수 있습니다. 또한 회원 정보, 고객 데이터, 포스POS 데이터, 판매 데이터 등이 있다면 더욱 정교하게 분석해볼 수 있을 것입니다.

기존에 없던 지점을 공략한 새로운 포지셔닝

정장과 잠옷 중간쯤 어딘가를 포지셔닝하여 시장을 새롭게 개척한 제품이 있습니다. 바로 '아오키Aoki'라는 일본의 남성 정장 전문 브랜드의 파자마 정장입니다. 코로나 팬데믹으로 사람들이 집에 머무는 시간이 길어지면서 옷을 자주 사 입을 일이 적어지는 라이프 스타일을 고려해 '잠옷 이상, 정장 미만'이라는 콘셉트로 새롭게 만든 제품입니다.

흔히 'TPO'라고 해서 시간, 장소, 목적에 맞춰 옷을 입는 것이 전통적인 옷 입기의 기준이었습니다. 하지만 팬데믹 상황에서 재택근무를 하고 화상회의를 할 때는 적당히 예의를 갖춘 정도로도 충분하고, 이후 집에서 편하게 일하고 생활할 수 있는 것이 더 중요합니다. 이를 위한 편한 소재와 마감의 옷이 필

©아오키

잠옷 스타일의 편안한 정장으로 재택 근무가 많아진 상황에 맞춰
새로운 시장과 고객을 개척한 남성 정장 브랜드 아오키.

요하다는 점에 착안해 탄생한 아오키의 재택근무용 정장은 A와
B 사이 중간 지점을 포지셔닝해 새로운 시장과 고객을 개척한
좋은 예입니다.

　이처럼 이제는 카테고리를 직접 만들고 고객을 더 잘게 쪼
개서 초세분화해야 하는 시대입니다.

온전히 '나'로부터
시작하라

시장이 커지고 고객이 초세분화되면서 1인 가구에 필요한 서비스를 제공하는 브랜드가 많이 생기고 있습니다. 예를 들어 주기적으로 세탁기를 돌리기에는 세탁량이 많지 않은 1인 가구의 경우 필요한 만큼 소량씩 모바일 세탁소에 맡기는 편이 더 효율적일 수 있습니다.

'세탁특공대'는 세탁소에 가지 않고 문고리에 세탁물을 걸어두면 수거 후 빨래와 다림질까지 마무리해 다음 날 문고리에 다시 걸어주는 원스톱 세탁 서비스를 제공합니다. 세탁특공대의 슬로건은 '그 옷 내려놔, 빨랜 내가 해'입니다. 서비스 전체 과정은 '앱 열고 탁! 주문 끝, 문 앞에 탁! 수거 끝, 인수증 탁! 결제 끝, 쓰르륵 탁! 배송 끝'으로 재미있게 표현되어 있습니다.

1인 가구를 위한 온라인 세탁 서비스 세탁특공대.

나의 심리적 만족을 뜻하는 '나심비', 나를 중심으로 한 소규모 경제를 의미하는 '미코노미Meconomy' 등의 신조어도 초개인화된 취향 맞춤 제안을 통한 브랜드 운영과 트렌드를 잘 반영하고 있습니다.

1인 가구를 위한 가전

통계청에서 무료로 제공하는 지표 통합 서비스 '지표누리(www.index.go.kr)'를 통해 다양한 마케팅 지표를 찾아볼 수 있습니다. 매년 시행하는 인구통계 조사뿐만 아니라 통계청에서 집계한 다양한 경제지표, 사회지표 등이 연도별로 찾아보기 쉽게 정리되어 있습니다.

예를 들어 다음 표의 '평균 가구원 수와 가구원 수별 구성 비

연도	평균 가구원 수 (명)	가구원 수별 구성 비율(%)						
		1인 가구	2인 가구	3인 가구	4인 가구	5인 가구	6인 이상 가구	합계
2000	3.12	15.5	19.1	20.9	31.1	10.1	3.3	100.0
2005	2.88	20.0	22.2	20.9	27.0	7.7	2.3	100.0
2010	2.69	23.9	24.3	21.3	22.5	6.2	1.8	100.0
2015	2.53	27.2	26.1	21.5	18.8	4.9	1.5	100.0
2016	2.51	27.9	26.2	21.4	18.3	4.8	1.4	100.0
2017	2.47	28.6	26.7	21.2	17.7	4.5	1.3	100.0
2018	2.44	29.3	27.3	21.0	17.0	4.3	1.2	100.0
2019	2.39	30.2	27.8	20.7	16.2	3.9	1.0	100.0
2020	2.34	21.7	28.0	20.1	15.6	3.6	0.9	100.0
2021	2.29	33.4	28.3	19.4	14.7	3.3	0.8	100.0

©지표누리

평균 가구원 수와 가구원 수별 구성 비율

율'을 살펴보면 평균 가구원 수가 점점 줄어 2021년 기준 2.29명으로 떨어졌고, 1인 가구는 점점 늘어나 같은 해 기준 전체의 33.4%를 차지하고 있습니다. 현재 흐름으로는 1인 가구 수는 점차 늘어나 청년층부터 노년층까지 다양한 연령대의 싱글 라이프 스타일을 위한 시장이 더 확대될 것입니다.

1~2인용 밥솥인 '마카롱'으로 유명해진 '제니퍼룸Jennifer-room'은 락커룸코퍼레이션에서 운영하는 소형 가전제품 브랜드였습니다. 마카롱처럼 예쁜 파스텔 톤의 앙증맞은 밥솥이 싱

글 라이프 스타일에 잘 맞아 캠핑용 감성 밥솥으로 인기를 얻었습니다. 2015년에 설립된 락커룸코퍼레이션은 원래 해외 가전 수입 및 유통업을 했는데 '제니퍼룸'이라는 자체 브랜드를 성공시키면서 2020년에 '락앤락'에 인수되었습니다. 합리적 가격, 작고 예쁜 디자인, 깜찍한 기능이 추가되어 감도 높은 디자인 상품을 소개하는 29CM, 오늘의집 등 온라인 판매 사이트

©제니퍼룸

싱글 라이프 스타일에 맞춰 감각적인 색감과 디자인으로 개발한
1~2인용 밥솥 마카롱.

에서 좋은 반응을 얻고 있습니다.

'촉촉한 반숙이 조리되었습니다'라는 음성 안내가 나오는 '말하는 계란찜기', 커피를 내릴 때 도파민을 연상시키는 분홍색 불이 켜지는 소형 에스프레소 머신 '도파민', 가습과 향의 개념을 더한 '캡슐 아로마 디퓨저', 물통이 투명하게 다 보여 통 세척이 간편한 '마리모 가습기' 등 '자취템', '이사템', '감성템'으로 포지셔닝해 소형 가전과 캠핑 가전이라는 세분화된 시장에서 확실한 입지를 구축했습니다.

어떤 영역이든
명품은 통한다

 명품 아이스박스가 된 '예티YETI'의 이야기는 어떤 영역에서
든 명품이 탄생할 수 있고, 소비자는 그 명품에 반응한다는 사
실을 보여줍니다. 단순하지만 진심으로 무언가를 길망하면서
고민과 시도를 계속한다면 'OO계의 명품', 'OO계의 샤넬',
'OO계의 아이폰'이 될 수 있습니다.

 예티는 밟고 올라서서 낚시를 해도 괜찮을 만큼 아주 튼튼
한 아이스박스를 갖고 싶어 하던 형제가 만든 브랜드입니다.
이들은 2006년 매일 써도 망가지지 않는 튼튼한 아이스박스를
만들고 싶다는 열망에서 출발해 예티쿨러스YETI Coolers를 설립
했습니다.

 형제는 낚시와 사냥 등 아웃도어 활동을 할 때 아이스박스

손잡이가 쉽게 부러지거나 밟고 올라섰을 때 아이스박스가 망가지는 점에 착안했습니다. 쉽게 망가지지 않는 튼튼한 아이스박스를 직접 만들어보자고 생각한 것입니다.

예티는 혹독한 실험 정신을 바탕으로 아웃도어 활동에 맞는 다양한 제품을 개발했습니다. 그 결과 알래스카를 비롯한 하드코어 아웃도어 활동 환경에서도 쉽게 부러지지 않고 보냉력도 오래가는, 심지어 디자인이 예뻐 패셔너블하기까지 한 아이스박스가 탄생했습니다.

예티는 시장의 수요를 바탕으로 제품을 만든 것이 아니라, 자신이 쓰고 싶은 튼튼한 아이스박스를 만들면서 아이스박스계의 명품 브랜드가 된 것입니다.

구독자 14.7만명을 거느리고 있는 예티의 유튜브 공식 채널을 살펴보면 수준 높은 디큐멘터리 채널과 비교해도 전혀 손색없을 정도의 완성도 높은 브랜드 영상이 굉장히 많이 올라와 있습니다.

인간의 존재가 너무도 작게 느껴질 만큼 경이로운 대자연 속에서 촬영한 아름답고 완성도 높은 영상은 야외에서 사용하는 고품질 아이스박스인 예티의 브랜딩을 잘 보여줍니다. 제품 자체를 강조하기보다는 진짜 살아 있는 자연 다큐멘터리를 통해 그 장엄하고 고독한 자연 속에서 사람과 함께하는 묵묵하고 듬직한 친구 같은 품질을 간접적으로 전달합니다.

명품 아이스박스 하나로 유명해진 아웃도어 제품 브랜드 예티.

예티 유튜브 공식 채널에는 브랜드의 품질을 간접적으로 전달하는
수준 높은 영상들이 올라와 있다.

최고의 품질은 결코 배신하지 않는다

2015년에 문을 연 젤 네일 스티커 제조 스타트업인 '글루가GlluGa'는 2018년 정식 브랜드 '오호라Ohora'를 론칭했습니다. 셀프 네일 시장에서 1세대로 불리는 미국의 대싱디바Dashing Diva, 2세대인 국내의 젤라또랩Gelato Lab에 이어 3세대로 통합니다. 2023년 1월에는 브랜드엑스코퍼레이션으로부터 젤라또랩을 인수합병M&A하기도 했습니다.

후발 주자인 글루가는 차별화된 기술력으로 제품력을 높여 성공한 사례로 잘 알려져 있습니다. 1세대가 플라스틱 팁으로 셀프 네일 시장을 개척했다면, 2세대는 플라스틱 대신 얇은 스티커로 편의성을 높였고, 3세대인 글루가는 '젤 네일 스티커'를 개발해 착용감과 지속력을 개선했습니다. 젤 네일은 손톱에 바른 다음 LED 램프로 굳히는 것으로, 일반적인 매니큐어보다 광택이 강하고 지속력이 뛰어납니다 글루가 유기현 대표는 "네일숍에서 젤 네일을 바른 것처럼 완성도를 높이는 데 모든 노력을 기울였다"고 말합니다.

오호라는 네일숍에서 젤 네일을 바르고 굳히는 방식을 집에서도 그대로 적용할 수 있게 한 제품입니다. 오호라의 스티커는 필름에 젤 네일 원료를 입혀 60%만 굳힌 '반경화' 상태인데, 손톱깎이로 자연스럽게 자를 수 있을 만큼 유연합니다. 사용자는 젤 네일 스티커를 손톱에 부착한 후 직접 소형 LED 램프로 1~2분간 굳히기만 하면 됩니다.

©글루가

셀프 네일 시장에서 혁신적인 기술력으로
젤 네일 스티커를 개발한 글루가.

젤 네일을 반경화하는 기술이자 글루가의 자체 기술인 '젤 네일 폴리시'는
스위스 국제발명전시회에서 금상을 수상하며 그 기술력을 인정받았습니다.
〈포브스 코리아〉 인터뷰 기사*에 소개된 오호라의 반경화 젤 네일 개발
비하인드 스토리는 말 그대로 열정과 끈기 그 자체입니다.
젤 네일을 필름에 바르고 스티커 형태로 제작하려면 네일 용액을 굳히는
경화 과정을 거쳐야 하는데, 적당히 휘어지면서 말랑하게 굳는 반경화 기
술이 핵심이었습니다. 브랜드 초창기에 여러 논문을 뒤져가며 살펴보던

*   참고 기사 http://jmagazine.joins.com/forbes/view/331758

중 반도체 디스플레이 산업군에서 이 기술을 활용하고 있다는 것을 알게 되어 관련 전문가가 모인 네이버 카페에 장문의 사연을 올렸습니다. 천우신조로 해당 기술을 국산화하는 연구 회사에서 근무하고 있던 한 전문가가 답글을 올렸고, 이후 3주 동안 매일같이 화학 공장에 찾아가 기술 자문을 끈질기게 부탁하는 등 결과물을 완성시키기 위해 매진한 결과 현재 글루가의 기술력이 완성되었습니다. 당시 자문을 해준 전문가는 이후 글루가의 기술총괄로 부임하여 함께하고 있습니다.

이처럼 글루가의 성공 사례는 제품의 품질 향상, 압도적인 기술력 우위는 결국 소비자의 인정으로 이어질 수밖에 없다는 교훈을 잘 보여줍니다.

3

Curation

취향을 저격한다

큐레이션 마케팅
전성시대

2000년대 중반까지만 해도 큰 마트와 쇼핑몰이 있던 미국 동네 어귀에는 '블록버스터Blockbuster'라는 대형 DVD 대여점이 있었습니다. 예전 비디오 가게처럼 영화 DVD를 빌려주는 체인점이라고 생각하면 됩니다. 한편 1998년 서비스를 시작한 '넷플릭스Netflix'는 연체료가 없는 월정액 서비스를 새롭게 시작했는데 당시로서는 꽤 새로운 개념이었습니다. 창업자 리드 헤이스팅스가 본인의 연체료 40달러에 대한 경험을 바탕으로 연체료가 없는 DVD 대여 서비스를 창업한 것으로 잘 알려져 있습니다.

대형 DVD 대여점인 블록버스터는 고객이 매장을 직접 방문해 보고 싶은 영화를 골라 빌려가는 시스템이었고, 매장이 없는 넷플릭스는 영화 한 편을 우편으로 받아 감상한 다음 빨간 색 넷플릭스 봉투에 DVD를 담아 우체통에 반납하는 방식이었 습니다. 반납이 완료되면 다시 보고 싶은 영화를 인터넷에서 신청할 수 있고, 다음 영화가 우편 배송될 때까지 기다리는, 매 우 아날로그적인 시스템이었습니다.

넷플릭스로 다음 영화를 집에서 받아 보려면 며칠을 기다릴 수밖에 없었기에 당시 블록버스터는 넷플릭스보다 확연히 큰 존재감을 갖고 있었습니다. 사람들은 '우편으로 영화를 받아 본다'는 개념을 신기해하기는 했지만 넷플릭스의 존재감은 블 록버스터만큼 크지 못했습니다.

하지만 넷플릭스는 이제 블록버스터는 물론 기존 영화 산업 까지도 위협하는 전 세계 1위 OTTOver-The-Top 플랫폼이자 다 양한 콘텐츠 제작사가 되었습니다. 2022년 사사분기 실적 발 표 자료에 따르면 2022년 말 기준 전 세계 유료 가입자만 2억 3,000명이 넘습니다. 유료 가입자 수 성장이 둔화되기는 했지 만 여전히 성장 중이고, 기존 가입자들은 유료 서비스 해지를 고민하다가도 화제가 되는 오리지널 드라마를 보는 맛으로 넷 플릭스 중독에서 쉬 벗어나지 못합니다.

넷플릭스가 당시 압도적인 1위의 블록버스터를 누르고 지금 의 경쟁력을 갖게 된 계기는 바로 취향별로 영화를 추천해주는 빅데이터 기반 알고리즘이었습니다. '시네매치Cinematch'라 불

우편으로 배송 받는 DVD 대여 서비스로 시작해
전 세계 1위 OTT 플랫폼이자 콘텐츠 제작사가 된 넷플릭스.

리는 자체 알고리즘 덕분에 넷플릭스는 개인 맞춤형 영상 목록을 꾸준히 제공할 수 있게 된 것입니다. 그런데 시네매치의 시작은 다름 아닌 봉투 안에 담긴 DVD를 받고, 영화를 다 본 다음 우체통에 다시 넣고, 그다음 영화를 신청한 아날로그 고객들이 남겨준 정보였습니다.

렌털 비즈니스를 넘어선 큐레이션 비즈니스

일본 도쿄 다이칸야마에 위치한 서점 쓰타야Tsutaya의 복합 문화 공간 '티사이트T-Site'는 책이라는 콘텐츠가 어떻게 개인화된 라이프 스타일 큐레이션으로 거듭날 수 있는지 잘 보여주는 사례입니다. 원래 쓰타야는 책, 음반, 영상물 대여점이었습니다. 일본에서는 아직도 지하철역이나 오래된 상권에 자리 잡고 있는 옛날식 쓰타야를 쉽게 볼 수 있습니다. 그런데 티사이트가 콘셉트를 복합 문화 공간으로 바꾸고 책, 음반, DVD 등의 진열 방식에 큐레이션이라는 개념을 적용했습니다.

일본 전역 1,400여 곳에서 쓰타야 매장을 운영하는 컬처 컨비니언스 클럽CCC, Culture Convenience Club의 사장 겸 최고경영자 마스다 무네아키는 1983년에 쓰타야를 처음 시작했습니다. 그리고 렌털 비즈니스를 현대에 맞게 전환해 큐레이션 비즈니스로 성공시켰습니다. 그는 책을 파는 데 그치지 않고 책 안에 담겨 있는 라이프 스타일을 제안하고 관련 상품을 함께 파는 새로운 유통 모델을 만들었습니다.

기존의 서점이나 음반 매장은 인문, 경영, 잡지, 예술 혹은 클래식, 가요, 월드뮤직 등으로 나뉘어 있는 것이 보통입니다. 하지만 마스다 무네아키는 먼저 기획을 하고 이후 이 기획과 관련된 다양한 책과 제품을 고객들에게 함께 제안하는 방식으로 매장을 구성합니다.

예를 들어 '요리'와 관련된 주제가 있다면 요리책은 물론 그와 관련된 식재료, 주방 도구, 주방 소품 등을 동일한 구역에 함께 놓는 방식입니다. 발뮤다 토스터와 식료품을 같이 구매할 수도 있습니다. 이처럼 같은 주제와 취향, 목적으로 연결된 모든 콘텐츠와 상품을 한눈에 보여주고 판매를 유도하는 것입니다. '해리 포터'라는 주제라면 그와 관련된 책과 음반 등 다양한 상품을 한눈에 볼 수 있도록 전시합니다. 이런 식이면 서점에서도 화장품, 식기, 의류, 자전거, 캠핑 장비 등 무엇이든 판매할 수 있습니다.

쓰타야 다이칸야마에서 한번은 '타입TYPE'이라는 팝업 스토어를 열었습니다. 이곳에서 '서체와 안경'이라는 주제로 큐레이션 기획전을 열었는데, 헬베티카나 가라몽 서체에 관한 책과 여기에 어울리는 안경도 함께 전시해 눈길을 끌었습니다. 서체와 안경의 느낌을 연계해 제안한 것입니다.

일본 서점 쓰타야의 티사이트는 책이라는 콘텐츠가 어떻게
개인화된 라이프 스타일 큐레이션으로 거듭날 수 있는지 잘 보여준다.

주택가에 위치한 어느 쓰타야 가전 매장에서는 가전 및 라이프 스타일 상품을 진열해놓고 판매하기도 합니다. 여기서는 드론과 침대 매트리스, 침구까지 살 수 있습니다.

이렇듯 가전, 가구, 인테리어, 모바일, 뷰티, 키친웨어 등 취향을 기준으로 다양한 분야를 넘나들며 제품을 판매하고 있어 이제 쓰타야를 단순히 서점이라고 칭하기는 어렵습니다. 이는 온라인 서점으로 시작한 온라인 상거래 사이트 아마존도 마찬가지입니다. 아마존도 서점으로 출발했으나 이제는 팔지 않는 물건이 없을 정도로 모든 것을 팔고 있습니다.

라이프 스타일을 큐레이션하는 서점

쓰타야는 일본의 황금기와 풍요로운 경제적 혜택을 누린 단카이 세대의 성장과 함께한 것으로 잘 알려져 있습니다. 제2차 세계대전 후 태어난 일본의 베이비붐 세대를 일컫는 '단카이 세대'는 경제력이 높고 시간 여유가 많아 '프리미엄 에이지Premium Age'라고 불리기도 합니다.

마스다 무네아키는 자신의 책 《지적자본론》에서 훌륭한 품질의 제품이 넘쳐나는 공급과잉 상태를 '세컨드 스테이지', 중앙집권적 유통이 불가능할 정도로 플랫폼이 넘치는 단계를 '서드 스테이지'라고 일컫습니다. 큐레이션은 바로 이 넘쳐나는 과잉의 시대, 서드 스테이지에서 고객의 취향과 라이프 스타일을 미리 가늠하여 선택권을 좁히고 알맞게 제안하는 것을 의미합니다.

쓰타야에는 호텔처럼 컨시어지 서비스가 별도로 있습니다. 상세한 상담을 받고 책은 물론 다양한 물품을 추천받는 서비스입니다. 기존의 대형 서점에서는 책의 위치를 묻고 싶어도 서점 직원을 만나기가 쉽지 않은 데다 바쁜 직원을 붙잡고 묻는 것 자체가 미안해 망설이곤 합니다. 그런데 쓰타야는 미처 모르던 자신의 취향과 관심사를 찾아주는 서비스를 여러 형태로 배치해두었습니다. 그것이 자석처럼 사람들의 발길을 쓰타야로 향하게 합니다.

더 나아가 쓰타야를 24시간 이용할 수 있는 아파트도 생겼습니다. 일본 신주쿠역 근처에 위치한 이 건물은 잠을 잘 수도 있고, 개인 공간에서 편안하게 누워 책을 볼 수도 있습니다. 여성 전용층도 있으며, 원한다면 짐을 맡기고, 씻고, 잠옷을 빌릴 수도 있습니다. 이 아파트는 쓰타야가 고객의 시간을 24시간으로 확장해 숙박 산업에까지 테스트해보고자 마련한 인큐베이션 사업입니다.

대만에도 쓰타야와 같이 라이프 스타일을 큐레이션하는 '성품서점誠品書店'이 있습니다. 물론 한국에서도 쓰타야식의 독립서점이나 동네 서점, 취향을 제안해주는 복합 문화 공간을 어렵지 않게 만날 수 있습니다. 이곳에서는 큐레이션 주제별로 책을 분류하고 제안할 때 소설, 경제 경영서, 심리서와 같은 방식이 아니라, 다양하고 창의적인 주제나 타깃 독자, 상황을 설정하는 식입니다.

예를 들어 서울 선릉역의 '최인아책방'에서는 '서른 넘어 사춘기를 겪는 방황하는 영혼들에게'라는 주제로 책을 펼쳐 놓기도 하고, '연휴 기간에 갈 곳 없는 싱글들을 위한 모임'을 주최하기도 하며, 다양한 주제로 소규모 강의를 열기도 합니다. 서울 연희동 '책바'에서는 '술이 당기는 책'이라는 주제로 책과 책의 내용에 어울리는 위스키를 내놓기도 합니다. 책에 등장하는 위스키를 홀짝이며 혼자만의 시간에 푹 빠져볼 수 있습니다. 이 밖에도 동네 서점을 중심으로 서로 낯선 이들이 모여 강의를 듣기도 하고, 작은 취미 활동을 함께 하기도 합니다.

이렇듯 지역의 문화에 따라, 서점 주인의 사소한 취향에 따라 다양하게 책을 큐레이션해 소개하고 판매하는 등 개성 가득한 작은 서점 문화가 점차 활성화되고 있습니다.

직관을 압도하는
빅데이터의 파괴력

쓰타야의 다양한 라이프 스타일 제안은 단순히 한 개인의 직관적인 감으로 이루어지는 것이 아닙니다. 이는 사실 쓰타야 모회사인 컬처 컨비니언스 클럽이 보유한 디가드T-Card에 집적된 방대한 빅데이터에 기반해 이루어집니다. 쓰타야의 모든 매장과 제휴 매장에서 포인트를 쌓을 수 있는 티카드는 2003년부터 시작한 티포인트T-point 멤버십 제도와 함께 일본 인구의 절반 정도가 이용합니다. 티카드의 회원은 도심에서 경제활동을 활발하게 하는 실질적인 고객들이므로 일본 인구 절반 정도의 데이터를 확보했다고 할 수 있습니다.

또한 쓰타야는 오랫동안 심야에도 렌털 숍을 운영해왔기에 음반, 도서, 영상물에 대한 고객들의 렌털 기록을 방대하게 쌓을 수 있었습니다. 게다가 티포인트 가맹점은 은행, 주유소, 편의점, 카페, 식당, 통신사 등 매우 다양합니다. 덕분에 일본 절반의 인구가 24시간을 어디에서 어떻게 쓰는지 알 수 있는 빅데이터를 구축할 수 있었습니다.

컬처 컨비니언스 클럽은 이러한 고객 데이터를 바탕에 두고 취향과 라이프 스타일을 분석해 제안하기에 고객의 반응을 효과적으로 이끌어냅니다. 매장별로 큐레이션 주제나 진열 방식이 다른 것도 고객 데이터에 기반했기에 가능한 일입니다.

한편, 방대한 고객 데이터 수집과 유의미한 해석 과정에서 개인 정보 노출과 사생활 침해가 일어날 수도 있다는 우려의 목소리도 있습니다. 이에 대해 마스다 대표는 고객에게 알맞은 제안을 하기 위해서는 빅데이터 활용이 필요한 과정이었다고 설명합니다. 고객이 편리한 서비스를 이용하고자 한다면 자신에 대한 정보를 어느 정도 공개하는 일은 불가피하다는 논리입니다.

〈매거진B〉와의 인터뷰*에서 마스다 대표는 다음과 같이 말했습니다.

"물론 일본에서도 개인 정보 문제가 자주 화두가 되곤 합니

* 참고 기사 https://bosim.kr/764

다. 하지만 자신에 대해 제대로 알고 있는 레스토랑 셰프에게는 본인 생일도 알려주고 취향도 전하죠. 그것은 '나를 위한 서비스를 제공한다는 사실'을 알기 때문입니다. 제가 항상 옷을 주문하는 곳에서는 제 신체 사이즈를 모두 파악하고 있습니다. 언제든 전화만 하면 딱 맞는 옷을 받을 수 있게 말이죠. 간혹 자신에 대해 전혀 모르는 사람과 시간을 버려가며 의미 없는 커뮤니케이션을 해야 할 때가 있는데, 바로 그 시간을 줄여주기 위해 데이터베이스가 필요한 것입니다."

데이터 집적과 고도화로 미세한 입맛 저격

요즘 '데이터드리븐Data-driven', '푸드테크Foodtech' 등의 표현을 흔히 만나게 됩니다. 음식 배달 전문 애플리케이션처럼 데이터에 기반한 고도화된 외식업 서비스가 우리 생활 깊숙이 파고들어 있기 때문입니다.

커피 관련 빅데이터를 착실하게 쌓으며 커피 원두 공급망을 넓혀온 국내 B2B 커피 전문 회사 '브라운백 커피' 또한 이러한 빅데이터에 어떻게 접근해야 할지 막막한 이들에게 현실적인 모범 답안을 보여주는 좋은 사례입니다. '커피 테크 스타트업'이라고 불리는 브라운백의 비즈니스 모델은 원래 전국의 카페나 사무실을 대상으로 원두를 제안하고 납품하는 B2B 커피 유통이었습니다. 브라운백 커피는 조금씩 영업망을 넓혀가며 커피를 공급하면서 쌓은 데이터를 꾸준하고 정교하게 발전시켜 매우 빠르게 성장했습니다.

그렇다면 커피에 있어서 빅데이터란 과연 어떤 정보일까요? 사람들의 커피 취향은 어떻게, 무엇이 다를까요? 예를 들어 같은 아메리카노 커피라 하더라도 지역별, 동네별, 계절별 선호 취향이 모두 다를 것입니다. 사무실이 밀집한 도심 지역에서 일하는 회사원 고객과 바다를 끼고 있는 어느 카페를 찾은 고객은 그 상황과 취향이 완전히 다를 수밖에 없습니다. 또한 같은 도시 안에서도 각각의 부도심이나 동네마다 고객 프로파일이 달라지고, 그에 따라 입맛은 미세하게 다를 것입니다.

문제는 카페를 운영하는 사람에게 고객에 대한 구체적인 데이터 없이 어떤 맛의 커피 원두를 공급해야 할지 그 정답을 알기가 어렵다는 점입니다. 게다가 원두는 B2B 거래를 통해 주로 대량 주문을 하기 때문에 늘 재고의 위험성이 따릅니다. 여러 선택지를 주고 고객들에게 택하게 하는 것은 운영 효율성 면에서 좋지 않습니다. 따라서 원두를 도매로 구매하는 사람에게는 해당 지역에서 주로 어떤 커피가 인기가 있을지 효과적으로 추천해주고, 카페에 들러 커피를 마시는 고객에게 이미 대폭 좁혀진 선택지에서 입맛에 딱 맞는 커피를 내려줄 수 있게 해야 합니다.

브라운백 커피는 전국구 동네별로 커피 원두에 대한 선호도를 데이터화하고 납품 과정에서 데이터를 계속 업그레이드하며 빠르게 성장했습니다. 현재는 '브라운백 블리스'라는 사무실 전문 구독형 커피 서비스를 운영하고 있습니다. 회사마다 직원들이 선호하는 커피 원두에 편차가 있게 마련인데, 해당 회사의 직원들이 좋아할 커피를 제안하고 정기적으로 원두를 공급하는 비즈니스 모델입니다. 출시 2년 만에 삼성전자, 카카오, 기아, KB국민은행 등 1,000여 개의 유명 기업체가 정기 구독을 시작했고, 현재는 2,000개 이상의 거래처를 확보한 상태라고 합니다. 커피 취향, 로스팅 데이터, 주문 데이터, 고객 리뷰까지 통합적으로 관리하면서 사무실마다 맞춤형으로 커피를 블렌딩하여 공급하기도 합니다.

내부 홍보 자료에 따르면 블리스의 재구독률은 99%에 달한다고 합니다. 사무실에서 커피를 마시는 것이 일종의 습관과도 같고 인사팀이나 총무팀 등 담당 부서에서 원두 납품 업체를 한번 계약하면 꾸준하게 이용하기 때문입니다. 한 번의 개인화, 맞춤형 제안, 큐레이션은 정기 결제 멤버십 서비스를 지속하게 합니다. 브라운백 커피의 사무실 구독형 커피 서비스 역시 우리 회사, 우리 직원들의 커피 입맛에 맞춘 데이터를 갖추고 블렌딩해서 제안해주는 것이 이를 지속시키는 원동력이 됩니다.

빅데이터의 시작은 일상의 작은 정보

빅데이터, 고객 취향 분석, 알고리즘은 사실 작은 곳에서 시작됩니다. 배달의민족 빅데이터의 시작은 전국구 동네 중국집, 분식집, 배달되는 식당들의 메뉴가 담긴 전단지였습니다. 실제 종이 전단지를 모아서 엑셀에 하나씩 입력하고 데이터를 정리하면서 애플리케이션을 기획했습니다. 배달의민족 초창기 TV 광고 영상이 수북하게 쌓인 종이 전단지로 채워진 것도 바로 그 때문입니다. 페이스북의 창업 계기는 하버드 대학교 졸업 앨범이고 유튜브의 시작은 온라인 데이팅 서비스인 것처럼 취향 추천의 기반이 되는 데이터의 시작은 우선 기존에 존재하는 정보를 한곳에서 간편하게 볼 수 있게 정리하는 것입니다.

이제 집 앞 현관마다 툭 놓여 있던 식당 전화번호 모음, 쿠폰북, 가게 전단지를 보기란 쉽지 않습니다. 배달의민족, 요기요, 땡겨요 등 주요 음식 배달 애플리케이션만 켜면 내 위치를 중심으로 모든 맛집 정보를 볼 수 있고 바로 주문할 수 있기 때문입니다. 스마트폰으로 맛집 정보를 간단히 검색해볼 수도 있습니다. 전국 어딜 가든 낯선 여행지에서도 간단하게 배달 메뉴로 지역 맛집을 즐길 수 있습니다.

티빙, 왓챠, 쿠팡플레이, 넷플릭스와 같은 온라인 동영상 서비스를 OTT_{Over-The-Top}라고 합니다. 한국은 초고속 인터넷망과 모바일 환경 덕분에 OTT 시장의 확대 속도가 특히 빠릅니다. OTT 서비스는 이용 데이터가 많이 쌓일수록 사용자의 취향에 맞는 영상을 추천하는 큐레이션의 정확도가 더 높아지므로 선순환적 성장과 고도화를 이루고 있습니다. OTT 큐레이션 서비스의 핵심은 인공지능 알고리즘을 바탕으로 고객이 관심 있어 할 만한 콘텐츠를 끊임없이 추천해주는 것입니다. 마르지 않는 샘물처럼 고객의 재미와 만족감을 채워줄 수 있도록 새로운 콘텐츠에 대한 큐레이션이 사업의 본질입니다.

일상의 작은
정보에서 시작하라

_____

예전에는 한 가구의 소비력, 라이프 스타일, 주거 환경, 쇼핑의 구매 결정권자 등을 파악하여 가구 단위의 쇼핑 패턴을 분석하고 제안했습니다. 그런데 이제는 '우리'가 아닌 '나'가 중요해졌습니다. 한 지붕 아래에서도 각자의 계정이 존재하고 각자의 취향 데이터가 쌓이고 각자의 취향 제안과 선택이 이루어집니다. 인공지능 기술의 발전과 함께 초개인화된 큐레이션이 가능해진 것입니다. 넷플릭스 역시 각자의 계정으로 로그인해서 시청하고 가족 구성원의 알고리즘도 제각각 구축합니다. 가족과도 다른 나만의 취향을 내 알고리즘이 학습하게끔 길들이는 것입니다.

인공지능의 개인화와 큐레이션 추천 발전 모델Personalization

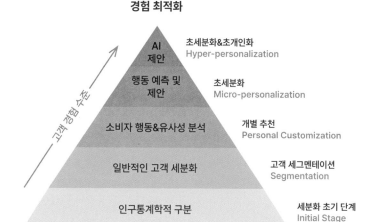

경험 최적화

초세분화&초개인화
Hyper-personalization

초세분화
Micro-personalization

개별 추천
Personal Customization

고객 세그멘테이션
Segmentation

세분화 초기 단계
Initial Stage

AI
제안

행동 예측 및
제안

소비자 행동&유사성 분석

일반적인 고객 세분화

인구통계학적 구분

고객 경험 점수

©https://ninetailed.io/blog/personalization-maturity-model-segmentation/

인공지능의 개인화와 큐레이션 추천 발전 모델

Maturity Model에 따르면 고객 경험과 빅데이터는 하나의 주제로 대중에게 소개하는 단계, 일부 대상에게 소개하는 '퍼스널 단계', 소수에게 소개하는 '초세분화 단계'를 거쳐 이제 1:1 제안이 이루어지는 하이퍼 퍼스널리제이션 단계에 이르렀습니다.

넷플릭스에는 태거Tagger라는 영상 콘텐츠 분석가들이 있습니다. 전 세계적으로 약 500명이 활동하는데, 이들은 신규 콘텐츠를 미리 보고 그 내용의 특성을 축약하고 분류해 국가별 언어 한마디로 해시태그를 남기는 작업을 합니다. 방송 업계나 콘텐츠 관련 경험을 가진 전문가들로 구성된 태거는 단순한 분류가 아니라 콘텐츠 본연의 특징을 깊이 이해하고 이를 바탕으로 쉬운 표현으로 꼬리표를 다는 역할을 합니다. 이는 아직 인공지능이 대체하지 못하는 인간 감정과 감상의 영역이기 때문입니다.

미국 인디애나 대학교 커뮤니케이션학과 교수 코리 바커의 책 《넷플릭스의 시대》에 따르면 태그 유형은 1,000여 개이고 이에 기반하여 7만 6,000여 가지의 세부 장르가 있습니다. 예를 들어 '실화 바탕', '감정을 파고드는', '평단의 찬사를 받은', '부모라면 공감한다!', '사랑과 집착 사이', '긴장감 넘치는' 등의 태그로 구분하여 깊이 있는 메타데이터를 만드는 것입니다.

과거에는 인구통계학적·지리적 기준으로 고객을 나누고 서비스를 전개했지만, 앞으로는 그 세분화가 점점 더 강해질 것입니다. 비단 OTT 서비스뿐만 아니라 모든 영역에서 딥러닝, 빅데이터, 인공지능 발전과 함께 좀 더 섬세하게 개인별 콘텐츠 취향을 추출해서 제안하는 비즈니스가 중심이 될 것으로 예측됩니다.

비슷한 나이의 친구라 하더라도 선호하는 콘텐츠, 시청 시간, 이용 시간, 장르, 최근 본 콘텐츠 등을 분석하여 취향을 체계적으로 분류해주는 것처럼 입는 옷, 사는 곳, 먹는 것 모두 '우리'가 아닌 '나'에게 맞는 제안과 판매가 이루어지는 시대가 온 것입니다.

일상을 도우며 조용히 스며든다

나이키의 애플리케이션 NRCNike Run Club는 디지털 익스피리언스DX, Digital Experience와 고객 빅데이터를 잘 활용하는 사례입니다. 몇 분을, 몇 킬로미터를, 몇 시에, 어떤 코스로 뛰었는지를 기록할 수 있고, 매일매일 기록을 쌓아 관리하기에 편리합니다. 또한 NRC에서 사진 우측 상단에 나이키 로고를, 하단에 나의 운동 기록을 담아 그날그날 사진을 찍어 소셜미디어에 올리거나 스마트폰에 간직할 수도 있습니다. 운동 후 뿌듯함을 안겨주는 자신만의 리추얼(의식)이 되어 긍정적인 운동 에너지를 북돋아주는 러닝메이트 같은 애플리케이션입니다.

NRC는 출시된 지 10년 가까이 되었는데, 전 세계적으로 NRC를 이용한 사람들의 10년치 데이터가 쌓여 있다고 생각하면 어마어마한 정보가 아닐 수 없습니다. 데이터가 이 정도 쌓이면 고객이 주로 어느 지역과 위치에 있고, 어떤 길이와 속도로 어느 시간대에 달리기를 하며, 주로 어떤 코스를 이용하는지, 혼자 하는지 아니면 여럿이 하는지, 나이키의 어떤 제품을 구매하는지 등등 나이키와 관련된 생활 패턴이나 구매 패턴을 매우 구체적으로 알 수 있습니다.

나이키는 이외에도 NTCNike Training Club 애플리케이션을 무료로 제공하고 있는데, 이를 통해 고객이 자신의 건강을 관리할 수 있도록 하면서 고객의 운동 관련 생활 습관과 데이터를 자체적으로 빅데이터화하고 있습니다. 오디오 가이드를 제공하면서 브랜드와 제품에 관련한 고객의 생활 정보를 (물론 고객의 동의 하에) 모두 채집하는 것입니다. 이렇게 쌓인 데이터는 제품의 기능성을 높이는 연구 자료로 쓰이는 것은 물론 고객의 브랜드 경험을 높여 서비스를 고도화하는 데 활용됩니다.

고객이 필요한 서비스로 침투하라

나이키 애플리케이션을 사용하는 고객이 매장에 들어서면 나이키는 그 고객이 누구인지, 어떤 스포츠를 좋아하는지, 어떤 색상과 디자인의 운동복과 운동화를 주로 사는지 알고 있습니다. 평소 그 고객의 운동량과 운동 패턴도 알 수 있습니다.

이러한 정보는 고객이 디지털 애플리게이션이나 나이키 웹사이트에서 제품을 구매할 때, 오프라인 매장에 들러 제품을 구매할 때 고객에게 가장 최적화된 브랜드 경험을 만들어주는 데 도움이 됩니다. 예를 들면 나이키 애플리케이션 사용자에게 나이키플러스Nike+ 보상 프로그램에 대해 알려주고, 해당 회원이 좋아할 만한, 다른 매장에서 구하기 힘든 독점 제품과 신제품에 대한 정보를 먼저 보여줍니다. 또한 선구매 쿠폰이나 각종 할인과 이벤트 등 다양한 권한과 혜택을 제공할 수도 있습니다.

상세한 고객 정보와 관리 시스템을 통해 나이키는
외부 도매 판매 방식을 자사 앱이나 사이트를 통해 직접 판매하는 방식으로 전환할 수 있었다.

이뿐만이 아닙니다. 나이키는 최근 고객 데이터 분석 회사인 조디악Zodiac과 의료 기기 전문 3D 스캐닝 회사인 인버텍스In-vertex를 인수했습니다. 이들 바탕으로 고객 개개인에게 완벽한 핏을 제안하는 스캐닝 기술인 나이키핏Nike Fit의 알고리즘과 자동화 기술을 개발했습니다.

현재 미국에서 일부 운영 중인 나이키핏은 사용자에게 스마트폰 카메라로 자신의 발을 직접 스캔해보길 권하는 메시지를 띄운 다음, 고객이 발을 스캔하면 그에 딱 맞는 사이즈의 신발 정보를 보내줍니다. 그리고 이 정보는 그 고객의 Nike+ 프로필에 자동 저장돼 해당 고객이 향후에 온라인이나 오프라인 매장에서 신발을 쇼핑할 때 사용할 수 있습니다.

데이터를 낚는 그물, D2C

이렇게 나이키는 고객의 일상에 침투하여 고객과 직접 소통하며 데이터를 쌓아가는 노력을 거듭한 덕분에 오랫동안 유지하던 외부 도매 판매 방식을 자사 애플리케이션이나 자사몰을 통해 고객에게 직접 판매하는 방식의 나이키다이렉트Nike Direct로 일부 전환할 수 있었습니다. 100% 외주 판매가 아닌 일부 자체 판매 활로를 뚫으면서 나이키가 직접 모든 고객 데이터를 관리하고 브랜드 경험을 일체화할 수 있는 시장을 확보한 것입니다.

자사 애플리케이션이나 웹을 통해 직접 판매하면 소비자의 구매 패턴을 데이터화할 수 있고 개인별 맞춤 큐레이션을 진행해 새로운 구매 정보를 제안함으로써 고객과 깊은 관계를 유지할 수 있기 때문에 나이키의 브랜드 경험을 더 깅화될 수 있습니다. 나이키는 이들 '개인화된 고객 경험과 혁신'이라고 일컫습니다.

나이키가 2019년 미국의 가장 큰 리테일 사이트이자 공룡 유통망인 아마존에서 과감히 철수할 수 있던 이유도 직접 거래를 통해 고객 경험을 고도화하고자 하는 나이키의 D2CDirect to Consumer 전략 덕분이었습니다. 남이 아닌 자신이 직접 던진 그물로 고객을 낚겠다는 전략입니다. 나이키가 약 10년 전부터 출시하고 꾸준히 공들여 운영하고 있는 각종 운동 애플리케이션이 바로 고객의 일상에 직접 던지는 그물이었던 셈입니다.

최근 '디지털 트랜스포메이션Digital Transformation'이라는 말을 자주 접하게 됩니다. 데이터에 기반하여 수요를 예측하고, 전략을 수립하고, 의사결정을 하고, 리스크를 통제하는 등 모든 것을 관리한다는 뜻입니다. 진정한 디지털 트랜스포메이션을 실행하기 위해서는 우선 기초적인 데이터 Raw Data를 어떻게 모으고 관리하며 해석할지 고민해야 합니다. 또한 이를 제대로 활용하는 방법에 대해 근본적인 질문을 던지는 등 철학적 원칙도 갖추어야 합니다. 바로 이런 측면에서 나이키는 가장 자기다운 디지털 트랜스포메이션을 차근차근 실행해왔다고 할 수 있습니다.

고객에게 꼭 필요한
맞춤형 정보

이제 화장품 업계도 판매를 넘어 즐겁게 놀면서 정보를 얻고 쇼핑할 수 있게 도와주는 서비스로 점차 바뀌고 있습니다.

'세포라Sephora'는 글로벌 화장품 유통 브랜드지만 디지털 혁신에 가장 크게 힘을 쏟는 회사입니다. 세포라의 '퍼스널 쇼퍼 서비스Personal Shopper Service'를 예약한 후 매장을 방문하면 뷰티 어드바이저의 조언을 들으며 20분 동안 퍼스널 쇼핑을 경험할 수 있습니다. 본인이 선호하는 메이크업 스타일에 맞는 브랜드와 상품을 선택할 수 있게 도와줍니다. 뉴욕 소호의 세포라 매장에서는 메이크업뿐만 아니라 눈썹 정리, 립케어 등의 서비스도 받을 수 있다고 합니다. 국내 세포라 매장에서도 누구든 매장 방문 시 뷰티 어드바이저의 도움을 받아 자신에게 맞는 화장품을 추천받고 구매할 수 있습니다.

세포라는 자체적인 모바일 플랫폼은 비교적 늦은 2010년에야 시작했지만 그 후 디지털 혁신을 조직적으로 과감하게 실행해왔습니다. 2013년 디지털 마케팅 부서를 설립하고 마케팅 임원 CMO를 CDOChief Digital Officer 겸임으로 두었습니다. 그후 오프라인 매장팀과 디지털팀을 아예 병합하여 '옴니 리테일' 부서로 바꾸었습니다. 2015년에는 세포라 이노베이션 랩을 설립해 온오프라인을 통합한 360도 브랜드 경험을 연구하는 등 많은 것을 시도해왔습니다. 실리콘밸리가 속한 샌프란시스코에 있는 이노베이션 랩을 중심으로 RFID(무선 인식), 증강현실, 인공지능, 인공지능 로봇 등의 기술을 화장품 오프라인 매장에서는 비교적 일찍 시도했습니다.

고객의 핵심 니즈를 충족하는 기술

세포라의 디지털 혁신을 앞당긴 일등 공신은 핵심 고객의 편의성에 맞춘 개인 맞춤형 정보 제공이었습니다. 예를 들면, 매장에 설치된 컬러 아이큐Color IQ라는 단말기를 통해 즉석에서 사진을 찍고 개개인의 피부 톤에 맞는 색상을 찾아줍니다. 색상 전문 연구·개발 기업 팬톤Panetone과 협업해 개발한 컬러 매칭 기능은 고객이 피부 톤에 맞는 색상 음영을 찾는 데 효과

세포라는 각 매장에서 고객이 직접 얼굴을 촬영해
다양한 색조 화장품을 가상현실을 통해 사용해볼 수 있을 뿐 아니라
친구와 공유해 의견을 받아 볼 수 있다.

적입니다. 같은 사람이라 하더라도 시즌별 피부 상태나 태닝 상태에 따라 피부 톤이 미세하게 달라질 수 있기 때문입니다.

특히 눈에 띄는 툴은 '가상 아티스트Virtual Artist' 애플리케이션입니다. 스탠퍼드 대학교 그리고 증강 현실 및 인공지능 기업인 모디페이스ModiFace와 협업해 만든 것입니다. 얼굴을 트래킹하고 증강 현실로 이미지를 시각화해서 예쁘게 표현해주는 이 애플리케이션을 이용해 고객들은 매장에서 얼굴을 촬영한 다음 다양한 색조 화장품을 입혀보고 그 사진 이미지를 바로 친구들과 공유해 의견을 받아볼 수 있습니다. 어떤 색이 어울릴지 테스트하느라 화장품을 발랐다 지웠다 하지 않아도 되고, 직원에게 어색하게 다가가 '죄송하지만, 제게 어떤 색이 어울리는지 좀 봐주실래요?' 하고 물어보지 않아도 됩니다. 세포라는 이 가상현실 애플리케이션으로 고객이 립스틱, 아이섀도, 블러셔, 인조 속눈썹 등 자신이 원하는 상품을 마음껏 테스트해볼 수 있도록 했습니다.

이외에도 2019년 세포라는 구글과 손잡고 핸즈프리 튜토리얼을 내놓았습니다. 메이크업 아티스트의 뷰티 영상을 보면서 메이크업을 따라 하는 동안 '헤이 구글Hey Google' 음성으로 영상을 켜고 되돌아가기를 반복할 수 있습니다. 메이크업하던 손을 멈추고 모바일 화면에서 재생/정지 버튼을 거듭 눌러야 하는 불편함을 없앤 것입니다.

화장품을 이용하는 고객들의 핵심 니즈는 더 예뻐 보이는 깃입니다. 더 정확하게는 남에게 내가 더 예뻐 보이는 제품을 편리하고 합리적으로 구매하는 것입니다.

프레이그런스 아이큐Fragrance IQ는 향기 프로필을 작성한 다음 본인에게 가장 적합한 18개의 향수를 시향해볼 수 있게 도와줍니다. 수많은 향수를 일일이 뿌려보는 것이 아니라 개인 맞춤형으로 골라진 향기가 단말기에서 발산될 수 있도록 했습니다. 파트너 인할리오Inhalio와 함께 IoT 기술을 적용하여 향기를 자동 분사하는 플랫폼을 개발한 것입니다.

세포라는 또한 고객의 360도 브랜드 경험을 높이고, 구매

여정을 트래킹하고, 효과적으로 판매하기 위하여 구글과 손을 잡고 '애널리틱스 360Analytics 360'이라는 설루션을 적용해 큰 성과를 이루었습니다. 세포라가 있는 싱가포르에서 온라인 광고를 실행한 다음 로열티 프로그램을 홍보할 경우 싱가포르 오프라인 매장 판매에 어떤 효과를 미치는지 초기적으로 검토했는데, 로아스ROAS(광고 비용 회수율)가 3.9% 증가했고 광고 대비 구매 전환율은 3배 증가했습니다. 또한 애플리케이션이나 온라인을 통해 광고를 보고 들어온 고객은 매장을 방문한 고객보다 평균 13% 더 많은 금액을 구매한 것으로 나타났습니다.

> ●브랜딩 노트●
> ## 광고/마케팅 효율성 관리하는 로아스
>
> '로아스ROAS, Return On Ad Spending'는 광고 효율성 지표입니다. 비슷한 개념으로 알오아이ROI, Return On Investment 또는 알오아이시ROIC, Return On Invested Capital라는 투하 자본 수익률 지표가 있습니다. 광고와 마케팅에서 로아스는 광고나 마케팅에 투입된 비용 대비 성과가 어느 정도인지 따질 때 사용합니다. 예를 들어, 500만 원을 투자해서 1,000만 원 순수익을 냈다면 수익률은 (1,000만 원/500만 원)×100=200%임을 알 수 있습니다.

직접적인 판매가 아니라 광고 노출이 목적이었다면 도달률은 얼마나 되는지, 클릭 전환율은 얼마나 되는지, 관련 고객은 몇 %인지 등을 따져보아야 하고, 오프라인 프로모션 이벤트를 열었다면 행사에 따른 투입 비용 대비 재무적인 효과는 어느 정도인지, 비재무적인 효과가 동시에 있었는지 등을 총체적으로 계산해보아야 합니다.

이처럼 세포라는 고객들의 오프라인 매장 행동 유형을 분석하고, 더불어 온라인 고객 이용 패턴도 교차 분석해 복합적인 고객 이용 현황 데이터를 축적했습니다. 고객의 구매 유형은 온오프라인이 구분되지 않기 때문입니다. 고객들은 매장에서 쇼핑하면서 동시에 모바일에 접속해 세포라 제품의 정보를 찾고 추천 제품이나 후기를 읽어보면서 가격 비교도 합니다. 그리고 바로 그 자리에서 친구들에게 의견을 물어보기도 하고, 뷰티 블로거들의 영상을 재검색하면서 매장에서 특정 제품을 찾아 쇼핑도 합니다.

세포라는 이처럼 온오프라인을 넘나들며 비교 분석하고 다른 사람의 의견을 받아본 후 제품 구매 결과를 공유하는 고객의 행동을 깊이 있게 연구했습니다.

세포라는 오프라인 매장에서 아티스트의 메이크업 과정을 시연하고, 시연 과정에서 사용한 메이크업 제품 및 관련 정보를 고객의 애플리케이션에 담아줍니다. 고객이 향후 그 제품을 온라인에서 쉽게 구매하거나 메이크업 방법에 대한 정보를 살펴볼 수 있도록 하기 위해서입니다. 기술이라고 하기엔 별것 아닐 수 있지만 철저하게 고객 중심으로 생각하며 개인별 맞춤 정보를 제공하려는 이러한 노력 덕분에 고객은 자신에게 맞는 정보를 편하게 받아볼 수 있습니다.

세포라 공식 애플리케이션이나 온라인 사이트에서 누구나 참여할 수 있는 뷰티 인사이더Beauty Insider 커뮤니티에는 고객들이 직접 작성한 화장품에 대한 이야기, 꿀팁, 고민, 취미 등이 올라옵니다. 자신의 네일 사진과 함께 네일 케어 제품 정보를 남긴다거나, 트러블 피부에 대한 자신의 노하우를 공유하는 등 뷰티를 주제로 한 방대한 이야기들이 오고 갑니다.

이 모든 것이 데이터가 되고, 세포라는 이를 바탕으로 새로운 PB 상품을 기획하거나 경쟁력 있는 브랜드 제품을 입점시키기도 합니다. PB 브랜드인 세포라 컬렉션Sephora Collection은 가격 민감도가 높은 10~20대 젊은 고객에게 인기가 높습니다. 고객의 이야기를 바탕으로 기획한 제품이기 때문입니다.

더 신나는 체험과 안전을 유도하는 빅데이터

미국 올랜도에 있는 월트 디즈니 월드Walt Disney World에서 입장권 역할을 하는 '매직 밴드Magic Band' 또한 빅데이터를 잘 활용한 좋은 사례입니다. 매직 밴드를 이용하려면 디즈니 월드 홈페이지에 가입하고 공식 애플리케이션과 매직 밴드가 서로 연동될 수 있도록 스마트폰에 공식 애플리케이션을 깔아야 합니다. 한번 설정하면 손목에 찬 밴드로 모든 놀이공원, 기념품 가게, 호텔 등을 자유롭게 드나들며 간편하게 구매도 할 수 있습니다. 우리나라 놀이공원이나 찜질방, 수영장에서도 자주 볼 수 있는 시스템인데, 매직 밴드는 그보다 조금 더 복잡하고 진화된 기능을 제공합니다.

매직 밴드의 업그레이드 버전인 '매직 밴드 플러스Magic Band+'에는 입장권 외에도 다양한 기능이 추가적으로 숨어 있습니다. 테마파크 캐릭터 조형물 근처에 가면 캐릭터에 맞는 음악이 들리고, 캐릭터가 전하는 이야기도 들을 수 있습니다. 야산 공언 때는 징면에 띠리 손목에 찬 매지 밴드에서 다양한 빛이 뿜어져 나와 몰입감을 더해줍니다.

이처럼 매직 밴드는 이용자에게 다양한 편의성과 부가적인 재미 요소를 제공하며, 테마파크와 호텔에 머무르는 동안 차고 다니기 편하도록 디자인되어 있습니다. 또한 매직 밴드를 통해 전 세계에서 방문한 고객의 데이터를 수집해 이를 기반으로 알맞은 동선을 기획하는 등 고객의 편의를 최적화합니다. 방문객이 미키마우스나 신데렐라 등 어떤 캐릭터에 더 반응하는지, 어떤 테마파크에 더 몰리는지, 어떤 공연의 어떤 장면에서 특히 더 강한

미국 월트 디즈니 월드의 입장권인 매직 밴드.

반응을 보이는지 등등 기초적인 데이터를 모을 수 있습니다.

어린이들도 각기 취향이 달라 미키마우스를 더 좋아하는 아이가 있는가 하면, 〈겨울왕국〉의 공주 캐릭터에 열광하는 아이도 있습니다. 매직 밴드는 이를 고려해 어린이들이 자신이 좋아하는 캐릭터를 중심으로 제각기 다른 동선과 공연을 즐길 수 있도록 안내합니다. 좋아하는 캐릭터가 있는 곳이나 그 캐릭터가 등장하는 공연 시간에 맞춰 이동할 수 있도록 유도해 아이들에게 잊을 수 없는 소중한 추억을 만들어줍니다.

또한 매직 밴드 데이터를 통해 사람이 언제, 어디에 많은지 알수 있어 사람들이 한곳에 몰리지 않고 분산하여 이동할 수 있도록 해줍니다. 테마파크의 전체적인 배치와 구성, 프로그램 운영 등을 조정해 더욱 안전하고 즐거운 관람을 유도하는 것입니다.

편하거나,
고급스럽거나,
이색적이거나

호텔 힐튼과 메리어트보다 더 높은 시가총액을 기록한 '에어비앤비airbnb'는 빈방을 빌려주는 공유 경제 숙박 플랫폼으로, 하나의 정형화된 실체(건물)나 일관적인 서비스가 없습니다. 따라서 고객들의 경험과 퀄리티는 매번 달라질 수밖에 없습니다. 에어비앤비에 머물며 잊지 못할 추억을 만드는 경우도 있겠지만, 낯선 이의 집에서 예상하지 못한 불편을 겪거나 당황스러운 경험, 약간의 모험을 감행해야 할 때도 많습니다. 지역, 집주인(호스트), 하우스메이트에 따라 완전히 다른 공간에서 투숙 경험을 하게 됩니다.

에어비앤비의 인기를 단숨에 올려준 유명한 사진 몇 장이 있습니다. 자유롭게 돌아다니는 기린에게 직접 먹이를 줄 수 있는 호텔, 나무 위에 높이 지어진 집, 독특한 유선형의 집 등 보통의 숙박 시설에서는 기대하기 힘든, 굉장히 이색적인 공간이었습니다. 이처럼 똑같은 빈방이라 하더라도 그 여건은 편차가 클 수밖에 없습니다.

하지만 에어비앤비는 이러한 위험 요소를 현지에서 직접 살아보는 것과 같은 새로운 경험으로 스토리텔링했습니다. '어디에서나 우리 집처럼', '여행은 살아보는 거야'로 유명한 에어비앤비 국내 광고는 해외는 물론 제주도 등 국내 여행까지도 호텔이 아닌 남의 집에서 투숙해보고 싶은 호기심을 성공적으로 끌어냈습니다.

에어비앤비뿐만 아니라 아고다, 호텔스컴바인, 야놀자, 여기어때 등 숙박 공간을 큐레이션해 경쟁력 있는 가격에 제공하는 사이트가 많이 있습니다. 스테이폴리오처럼 직접 숙소를 만들고 감성적인 사진과 글로 공간을 큐레이션해 제공하는 곳도 있습니다. 이처럼 지역, 취향, 고객, 소구점, 공간, 스토리, 운영자가 각각의 연결 지점이 되어 공간과 사람을 연결해주는 사례가 많습니다.

이와 같은 대체 숙박 서비스는 호텔에서 느낄 수 없는 집 같은 편안함을 주면서도 다양한 로컬 문화에 자연스럽게 흡수될 수 있는 이채로운 체험을 더해 경쟁력을 강화하고 있습니다. 또한 기존의 펜션이나 대중 숙박 업체들도 점점 프리미엄화되는 동시에 규격화되고 있어 예상 가능한, 뻔한 호텔과는 달리 이색적인 공간과 서비스로 호텔과의 간극을 더욱 좁히고 있는 중입니다.

호텔 연구소, 두 마리 토끼를 잡아라

이에 고급 호텔도 이제 가만히 팔짱 끼고 앉아 있을 수만은 없는 상황이 되었습니다. 전 세계의 집이 경쟁사가 된 만큼 고급 호텔도 스토리텔링과 차별화를 고민해야 하는 시기가 된 것입니다. 마케팅 측면에서 고급 호텔의 현재 위치를 SWOT에 맞춰 분석해보면, 좋은 입지와 훌륭한 시설, 다양한 부대시설, 브랜드 파워는 강점이고, 객실 수가 상대적으로 제한되어 있다는 점, 고비용의 제한된 리소스 등은 약점입니다. 기회 요소로는 강력한 브랜드 파워와 전 세계의 폭넓은 인프라, 네트워크, 기존의 고객 데이터, 고급 요리와 호스피털리티 서비스가 있고, 위험 요소는 앞서 말한 대체 호텔 숙박 서비스를 들 수 있습니다.

썸트렌드 사이트에서 예를 들어 '감성숙소'라는 키워드로 2023년 3월 기준 한 달간 연관 검색어 이미지를 살펴보면 '풀빌라', '인피니티', '수영장', '노을', '제주도', '경주' 등의 연관어가 보입니다. 연관어 분석 결과 '사진이 멋있게 나오는 곳', '풍

타임
커플
경주시
음악
추억
애견
코스
정원
풀빌라
가족
위치
무료
수영장
홈페이지
이벤트
감성숙소
인피니티
봄
노을
숙소
펜션
여행
날씨
버블
여행코스
보문단지
친구
느낌
경주
제주도
연인

썸트렌드에서 검색한 '감성숙소' 연관 검색어

©썸트렌드

경이 멋진 곳', '공간 디자인이 잘된 숙소가 많은 곳' 등이 사람
들이 가장 많이 찾는 숙소의 주 요소인 것으로 나타납니다. 계
절과 트렌드에 따라 사람들이 생각하는 감성숙소의 주 요소는
계속 달라지겠지만, 최근 1개월, 3개월, 1년 동안의 연관어를
분석해봄으로써 사람들이 가장 많이 요구하는 요소를 알 수 있
습니다.

　위기의식을 느낀 기존의 호텔들은 호텔만이 제공할 수 있는
최적의 퀄리티를 마련하기 위해 심혈을 기울이는 동시에 이색

적이고 색다른 투숙 경험을 제공하기 위해 골몰하고 있습니다. 예를 들어 포시즌스 호텔은 호텔 인테리어, 호스피털리티 서비스를 과학적으로 연구하고 분석하는 호텔 연구소 '리서치 앤드 디스커버리 센터Research and Discovery Center'를 자체적으로 운영하고 있습니다. 새로운 형태의 객실 디자인과 플랫폼에 대한 실험, 고객이 직접 사용하는 제품에 대한 편의성과 안전성 검증, 새로운 투숙 경험에 대한 다양한 시도 등이 호텔 연구소에서 이루어집니다. 메리어트 호텔 또한 '언더그라운드 랩The Underground Lab'을 운영하며, 실제 공간과 똑같은 가상의 객실에서 Y세대에서 베이비 붐 세대에 이르기까지 다양한 연령대 고객을 위한 실험을 진행하고 있습니다. 이곳에서는 투숙객 사용 빈도가 낮은 책상 사이즈를 25% 줄인다거나 샤워 헤드의 수압 조절 같은 소소한 부분까지 연구합니다.

　포시즌스 호텔은 전세기를 타고 다니는 럭셔리 세계 여행 상품을 내놓았습니다. 3개월간 전세기를 타고 원하는 8개국을 돌아다니며 고급 미식과 최고급 럭셔리 여행을 즐기는 상품입니다. 또한 자체 매거진인 〈포시즌스 매거진Four Seasons Magazine〉을 통해 특화된 여행 패키지를 제안하고, 전 세계의 모든 투숙객과 잠재 투숙객을 대상으로 교차 홍보를 진행하고 있습니다. 1인당 최소 13만 8,000달러(약 1억 8,000만 원)부터 시작하는 이 프로그램은 도시마다 색다른 스토리텔링과 완전히 새

포시즌스 호텔에서 선보인 전세기와 최고급 미식이 포함된
럭셔리 세계 여행 상품 이미지.

로운 투숙 경험을 기대하며 지속적으로 다음 여행을 꿈꾸게 해줍니다.

예를 들어 2022년부터 예약을 받고 있는 2024년 여행 코스 중 하나는 고대 유적지 코스인데, 미국 플로리다에서 출발하여 멕시코시티의 유적지를 보고, 칠레의 이스터섬으로 이동해 모아이 석상을 감상한 뒤, 남대평양 타히티 보라보라섬에서 휴양을 하고, 방콕에 들렀다가 요르단의 고대 유적지 페트라를 방문하고, 이탈리아 시칠리아의 타오르미나를 거쳐 스페인 마드리드에서 여행을 끝내는 일정입니다.

잠자는 숲속의 공주가 살고 있는 호텔

특색 있는 호텔을 조금 더 살펴보겠습니다. 네덜란드 출신 마르셀 반더스가 디자인한 미국 마이애미의 '몬드리안 호텔'에는 예쁘면서도 재미있게 뒤틀린 역동성이 있습니다. 이 역동성은 일부 포토 존만이 아니라 호텔의 모든 공간에 꽉 들어차 있습니다.

반더스는 마이애미 몬드리안 호텔에 어른들을 위한 동화 같은 이미지를 숨겨놓았습니다. 아마 천국이라면 이런 느낌일까 싶은 비현실적인 이미지의 조합이 묘한 생동감을 줍니다. 로비에 엄청나게 큰 사람 얼굴을 걸어놓기도 하고, 쨍한 빨간 색감의 야외 소파가 마이애미 하늘의 강렬한 푸른색과 완전한 대조를 이루도록 배치해놓기도 했습니다. 로비에는 큰 나선을 그리며 내려오는 거대한 검은색 계단이 있습니다. 이는 동화《잠자는 숲속의 공주》에 나오는 오로라 공주의 길게 늘어뜨린 머리카락을 재현한 것이라고 합니다.

마르셀 반더스가 디자인한 또 다른 호텔인 네덜란드의 '안다즈 호텔'에서는 초대형 종 모양 오브제가 눈길을 사로잡습니다. 생뚱맞을 정도로 큰 종Oversized Bell이 호텔 로비 공간의 중심점을 잡아줍니다. 오래된 도서관을 호텔로 만든 이곳에는 네덜란드 황금기의 포르셀린 타일과 탐험의 역사를 상징하는 큰 종, 튤립 모양의 푹신한 소파 등이 놓여 있습니다. 모두 네덜란드 고유의 문화를 반더스 방식으로 재미있게 풀어낸 것입니다. 이외에도 2017년 카타르 도하에 오픈한 '몬드리안 호텔'은 매우 화려한 아랍 문화, 〈천일야화〉가 떠오르는 공간으로 연출했습니다. 반더스의 손을 거치면 어디든 그 지역만의 독특한 공간과 세계가 열리는 것이 놀랍습니다.

마르셀 반더스에게 평소 어떻게 디자인하는지, 어디서 디자인의 영감을 얻는지 물어보는 인터뷰 기사가 여럿 있습니다. 반더스는 오래가는 디자인은 친숙한 것에서 시작된다고 말합니다. 완전한 무에서 만드는 것이 아니라 이미 친숙하고 잘 알고 있는 것을 뒤집고 크기를 변형해 새롭게 뒤틀면 낯설면서도

(위) 미국 마이애미의 몬드리안 호텔, (아래) 카타르 도하의 몬드리안 호텔.

오래 지속되는 힘이 생긴다는 것입니다.

또한 자신에게 충실해야 한다는 이야기도 합니다. 외로울 만큼 온전하게 자신과 직면해 본인이 어떤 사람인지, 무엇을 좋아하는지를 먼저 이해해야 한다는 것입니다. 그는 자신이 속한 곳의 문화를 이해하는 것도 중요하다고 말합니다. 되도록 사람들과 많은 이야기를 나누고 그 지역을 공부하는 것이 자신만의 세계를 만드는 시작이라고 합니다. 미국 마이애미와 카타르 도하의 몬드리안 호텔이 같은 디자이너, 동일한 호텔 체인의 지점임에도 사뭇 다르게 느껴지는 이유가 바로 여기에 있는 듯합니다.

4

Brand Experience

낯선 경험을 디자인한다

청보리밭 한가운데
향초 가게

제주도 동쪽 끝 마을인 종달리의 어느 외진 언덕 위에 덩그러니 창고가 하나 놓여 있습니다. 향초와 작은 소품을 파는 '달리센트Dalriscent'라는 공간입니다. 일렁이는 청보리밭 한가운데에 있는, 카페인 듯 카페 아닌 향초 가게입니다. 대중교통 수단이 닿지 않고 주차 공간도 포장이 안 된 돌밭이라 이질적인 공간감을 주며, 주변 환경과 무심한 듯 오묘하게 어우러지는 곳입니다. 이곳의 매력에 이끌려 트렁크를 이끌고 힘들게 땡볕 아래 언덕을 올라가는 나 홀로 관광객도 어렵지 않게 볼 수 있습니다.

고객들은 늘 독특한 경험을 원합니다. 새로 보는 조합, 흔하지 않은 공간, 날것의 감성, 이국적인 느낌 등 완전히 낯선 경

청보리밭, 귤 창고, 향초와 소품의 색다른 조합, 달리센트.

험을 찾아다닙니다. '적당한 낯섦'은 새로운 경험을 끊임없이 원하는 고객들을 끌어당깁니다.

청보리밭 한가운데의 거칠고 꾸미지 않은 공간, 영업시간을 인스타그램에서 챙겨 보고 가야 하는 가게, 하지만 누구든 자유롭게 둘러볼 수 있도록 무심한 듯 시크하게 운영되는 매장, 제주 감성이 물씬 풍기는 귤 창고와 소품 선물 가게, 돌밭과 덜컹거리는 주차장 뒤로 펼쳐지는 청보리밭 풍경. 이렇듯 다른 곳에서는 찾아볼 수 없는 서로 다른 것들이 만나고 어우러져 분명한 차별화 지점을 만들어냅니다.

이처럼 낯선 경험을 만들어내는 공간을 통한 차별화 마케팅을 하려면 일단 발상의 전환과 과감한 시도가 필수적입니다.

'인스타그래머블'한 인생 숏 명소

서울 명동에 있는 신세계백화점 본점은 2021년 크리스마스 때부터 백화점 건물 외벽 전체를 크리스마스 콘셉트의 미디어 파사드로 만들었습니다. 건물 전체를 감싸는 140만 개의 LED 칩으로 이루어진 거대한 스크린에 '매지컬 홀리데이'라는 콘셉트에 꼭 맞는 마법 같은 크리스마스 영상이 흐릅니다. 크리스마스 장난감 병정들이 춤추면서 서커스 커튼을 뚫고 나오는 것처럼 화려하고 생생한 미디어 아트 덕분에 사진 찍기 좋은 '핫플'

©신세계백화점

화려한 미디어 아트로 핫플이 된 신세계백화점 본점.

로 등극한 신세계백화점은 '인생 숏' 명소로 떠올랐고, 매년 크리스마스 시즌에는 수많은 인파가 몰려듭니다.

이처럼 포토 존이 될 만한 예쁜 벽 하나만 있어도 그곳은 사람들이 몰려드는 인스타그램 감성 공간이 됩니다. 미국 로스앤젤레스에 있는 폴 스미스Paul Smith 플래그십 스토어는 거대한 핫핑크색 벽으로 유명합니다. 이 벽을 배경으로 로스앤젤레스 특유의 밝고 따뜻한 햇살 아래 사진을 찍으면 누구든, 어떤 스마트폰으로든 쨍한 인생 숏을 건질 수 있습니다. 그래서인지 로스앤젤레스 멜로즈 거리의 폴 스미스 매장 앞에서는 사람들

 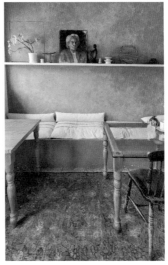

완벽한 포토 존은 그 자체로 손님을 불러 모으는 광고판이 된다.
유럽 미장과 감각 있는 소품의 제주 카페 뮈르.

이 서로에게 방해가 되지 않을 만큼 간격을 두고 각자 분홍색 벽에 붙어 포즈를 잡으며 연신 카메라 셔터를 누르는 진풍경이 매일 펼쳐집니다.

사진이 잘 나오는 곳, 정확하게는 내가 예쁘게 찍히는 포토 존은 사람들을 끌어들입니다. 근처를 걸어가는 사람, 다른 간판, 불필요한 이미지, 옆에서 식사하는 사람 등이 보이지 않는, 온전히 내가 그리고 우리가 예쁘게 찍히는 포토 존이 있다면 고객들은 찾아가기 마련입니다.

상업 공간에서 포토 존을 위해 공간을 비운다는 것은 쉽지 않은 일입니다. 공간이 곧 돈이고 기회비용이기 때문입니다. 하지만 사진이 잘 나오는 공간을 확보해 빛, 풍경, 주변 소품까지 신경 써서 기획한다면 그곳이 손님을 불러 모으는 광고판이 되기도 합니다. 인스타그램에 예쁜 풍경을 배경으로 찍은 사진이 있으면 사이니지나 로고가 없어도 해시태그를 보거나 댓글로 거기가 어디인지 물어 찾아가니 말입니다.

제주도 서귀포에 있는 카페 '뮈르'는 요즘 유행하는 '유럽 미장' 방식으로 한쪽 벽을 마감한 카페입니다. 올리브색의 벽과 예쁜 창문이 있어 카페 곳곳이 인생 숏을 남길 만한 포토 존입니다. 벽에 걸린 어느 노인의 유화 초상화부터 창문 너머 보이는 나무 풍경, 햇살이 닿는 바닥 타일까지 완벽한 포토 존을 구성하는 감각 있는 오브제입니다.

풍경을 창으로 끌어들이다

'파크로쉬 리조트앤웰니스PARK ROCHE Resort&Wellness'가 자리한 강원도 정선은 조선 선조 때 송강 정철이 강원도 관찰사로 부임해 빼어난 산수풍경을 노래한 〈관동별곡〉의 배경이 된 곳 중 하나입니다. 다른 곳들과 달리 아직 개발이 많이 되지 않아 〈관동별곡〉에 나오는 절경들이 잘 보존되어 있습니다. 이 리조트 설계 시 주안점을 둔 것은 바로 두타산과 가리왕산, 오대천, 기암절벽과 같은 풍경을 객실 어디서든 볼 수 있게 하는 것이었습니다. 또한 이 풍경들이 파노라마처럼 펼쳐질 수 있도록 건물 높이를 계단식으로 달리했습니다.

국도를 타고 굽이굽이 운전해 가다보면 강원도 정선의 어느 깊은 산으로 천천히 빨려 들어가는 느낌이 듭니다. 리조트에 가까워질수록 주변은 온통 초록색 산과 산이 겹쳐 늘어서고, 절벽과 폭포, 바위가 완벽한 진경산수화처럼 펼쳐집니다. 그 숲 위로 햇빛 줄기들이 쏟아집니다. 겨울에는 하얀 눈으로 뒤덮인 산 풍경을 보며 들어갑니다. 산마다 햇빛의 농도와 숲의 초록 채도가 다르고 장엄합니다.

객실마다 시원하게 난 통창 가득 초록색 산과 파란색 하늘이 액자처럼 담기고, 통창을 따라 길게 놓인 소파에 누워 천천히 흘러 다니는 구름을 보고 있자면 저절로 머릿속이 비워집니다. 파크로쉬의 전 객실에는 잠을 깨우고 각성시키는 커피 대

어느 객실에서든 풍경을 감상할 수 있는 파크로쉬 리조트.

파크로쉬 야외 자쿠지에서 즐기는 하늘과 바람.

신 대신 몸의 긴장을 풀어준다는 향긋한 고급 차가 비치되어 있습니다. 조선 시대 어느 나그네가 산속에서 길을 잃고 헤매다 바위에서 깜박 깊은 잠이 들어 쉬었다는 유래를 지닌 '숙암 宿巖'이라는 그곳의 옛 지명처럼 잠을 방해하는 요소들을 되도록 권하지 않는다는 취지에서입니다.

파크로쉬에서는 수영장, 야외 자쿠지, 노천 사우나장, 요가 명상실, 음악 감상실 등 어디에든 하늘과 구름이 흘러들어 옵니다. 특히 날씨가 좋은 날 밤이면 밤하늘의 별과 구름을 볼 수 있게 옥상에 푹신한 좌식 소파가 놓입니다. 시시각각 바뀌는 밤하늘의 달빛과 구름 사이사이 빼곡한 별을 구경할 수 있습니다. 또한 노천 사우나장에서는 뜨거운 온탕에 몸을 담근 채 시원한 바람을 피부로 느낄 수 있습니다.

어디에 앉아도 한 폭의 그림 같은 풍경

이와 비슷한 또 다른 예가 바로 강원도 고성 아야진 해변 근처의 '스위밍 터틀Swimming Turtle'이라는 예쁜 카페입니다. 이 카페의 브랜딩에는 재미있는 이야기가 담겨 있습니다. 초등학교 1학년 학생이 엄마와 함께 수영하는 거북이를 상상하며 직접 그린 그림과 글씨로 카페 로고를 만들었다고 합니다.

카페 문을 열고 들어가면 작은 자갈밭을 지나야 하는데 신발에 묻은 모래가 자연스럽게 털어집니다. 입구부터 계단 없이 갤러리 회랑 같은 길을 따라 지그재그 올라가다 보면 탁 트인 바다가 나옵니다. 모든 좌석은 고성의 바다가 잘 보이게 배치되어 있습니다. 서너 명이 함께 앉을 수 있는 긴 소파도 바다를

커피와 함께 햇빛과 바다 풍경을 즐길 수 있는 카페 스위밍 터틀.

향하고 있습니다.

　또한 햇빛이 잘 들어오되 지나치게 뜨겁거나 눈부시지 않도록, 바다가 잘 보이되 주변의 해변가 모래와 바위도 눈에 잘 들어오도록 건물을 배치했습니다. 이곳에서 탁 트인 바다 풍경과 그 위로 떠다니는 하얀 구름을 바라보노라면 절로 '구름멍'을

하게 됩니다. 북한과 가까운 곳이라 아직 채 철거되지 않은 철조망 해변과 민간인 출입이 가능한 해변을 거니는 사람들이 마치 한 폭의 그림처럼 눈에 담깁니다.

전망이 좋은 카페는 많지만 마주 보는 좌석 배치에서는 아무래도 바다 풍경을 포기하거나 양보해야 하는 고객이 생기기 마련입니다. 바다를 향해 앉은 사람은 상대의 얼굴보다는 풍경에 시선을 뺏길 수밖에 없지만 그렇다고 대놓고 맘껏 바다만 바라보기도 곤란합니다. 멀리에서 여행을 와서 바닷가 카페에 들른 사람이라면 커피나 차와 함께 바다를 즐기고 싶은 마음일 텐데, 이러한 고객들의 마음을 섬세하게 배려한 디테일이 스위밍 터틀을 더욱 특별하게 만들어줍니다.

이처럼 가장 중요한 요소에 풍경을 놓으려면 이를 중심으로 나머지 요소들을 배치해야 합니다. 건물의 모양, 창문의 크기, 낮 동안 해의 움직임, 바람이 지나는 길, 습도, 사진을 찍을 때 각도와 화면에 담기는 풍경 등을 모두 섬세하게 챙겨야만 고객들이 짧은 순간이지만 깊은 인상을 받고 집중할 수 있습니다.

향기와 소리……
마법처럼 구현되는
지금 이 순간

───────────

글로벌 호텔 체인 하얏트의 프리미엄 호텔 라인 '안다즈 서울 강남'은 압구정동에 있습니다. 이 호텔은 로비와 객실, 여러 부대 시설에서 좋은 향이 나는데, 서울에 안다즈 호텔을 오픈하면서 특별히 제작한 시그니처 향입니다. 화장품 브랜드 '탬버린즈TAMBURINS'와 협업해 만든, 숲을 연상시키는 피톤치드 느낌의 향입니다.

비교적 넓은 공간인 호텔에서 향이 꾸준하게 풍겨나도록 하고 취향이 다른 다수의 게스트들에게 비교적 긍정적인 기억으로 남게 하기 위해서는 많은 공을 들여야 합니다. 쉽게 말해 향으로 공간을 디자인하는 동시에 지속적인 관리가 필요하다는 뜻입니다.

오래된 마케팅 용어 중 4P라는 것이 있습니다. 제품Product, 가격Price, 유통Place, 판매 촉진Promotion을 뜻하는 4P 전략은 전통적인 마케팅 방식입니다. 그런데 최근에는 무형의 서비스와 총체적인 브랜드 경험이 중요시되면서 3가지를 추가한 7P라는 개념이 통용됩니다. 3가지는 물리적 증거Physical Evidence, 과정 Process, 인적 요소People입니다.

물리적 증거는 고객이 물리적으로 보고 듣고 만지는 모든 요소를 의미합니다. 매장 간판이나 입구 사이니지, 팸플릿, 인테리어, 택배 포장, 모바일 애플리케이션 디자인 등 모든 물리적인 접촉 요소를 말합니다.

사람은 시각적인 요소 외에 청각과 후각에도 예민하게 반응합니다. 그런 감각을 살짝 일깨워주면 고객은 기억이 살아나고 느낌이 떠오르고 그때 그곳에서 느낀 것들을 자기만의 경험으로 인식하기도 합니다. 아주 미세하지만 작은 차이 하나로 기분이 좋아지고, 어렸을 때 행복하던 장면이 스쳐 지나가기도 합니다.

소리가 들리는 순간까지 설계한다

일본 코즈메틱 브랜드 '시세이도Shiseido'에서 운영하는 긴자 시세이도 매장의 카페 화장실에는 결정적 순간의 임팩트가 있습니다. 전체적으로 아주 조용하고 햇빛이 잘 들어오는 화이트

톤의 정갈한 카페 겸 레스토랑인데, 대화 소리가 절로 낮아질 정도로 조용한 매장 안쪽 화장실에 또 하나의 놀라운 '와우 포인트'가 숨어 있습니다.

문을 열고 화장실 부스 안으로 들어서는 순간 머리 위에서 '댕~' 하고 은은한 종소리가 울립니다. 이후 변기 뚜껑이 스르륵 자동으로 올라갑니다. 종소리의 진동과 느린 여운이 귓가에 맴도는 가운데 이끌리듯 앉게 됩니다.

혼자만의 조용한 공간에서 이러한 예상치 못한 내적 평온함을 느낄 수 있는 설계가 낯설고 특별합니다. 시세이도와 같은 유명 화장품 브랜드에서 이런 공간을 기획해 운영하고 있다니 더욱 흥미롭습니다.

향기와 소리로 기억되는 공간이 제주도에도 있습니다. 지랩 Z-Lab이라는 건축 인테리어 설계 회사가 기획한 '어라운드폴리 Aroundfollie'입니다. 제주도 중산간에 위치한 프리미엄 캠핑 콘셉트 펜션입니다. 제주도 특유의 건축 유형을 살려 지은 공간으로, 개별 숙소들 간격이 넓어 집 한 채와 마당을 독립적으로 이용하는 느낌입니다.

현관에 들어서면 자동으로 음악이 재생됩니다. 고객이 문을 열자마자 미리 설정해둔 어라운드폴리만의 플레이리스트가 흐르는 것입니다. 제주의 햇빛 같은 나른하고 여유로운 음악과 함께 기분 좋은 추억의 한순간으로 빠져듭니다. 그 공간에 머

(좌) 어라운드폴리의 선곡 안내서.
(우) 향기와 소리로 기억되는 공간 어라운드폴리.

무는 사람들은 끄지 않는 한 미리 큐레이션된 음악을 계속 듣
게 됩니다. 벽 한쪽에 노래 제목과 가수에 대한 정보가 적힌 엽
서 크기의 선곡 안내서도 있습니다.

　이뿐만이 아닙니다. 이곳에는 '어라운드폴리'라는 디퓨저에
향이 따로 구비되어 있습니다. 나른한 음악과 묘하게 어우러지
는 디퓨저 향에 대한 정보도 잘 소개되어 있습니다. 원할 경우
리셉션에서 이 향을 구매할 수도 있습니다. 이처럼 향기와 소
리가 만난 공감각이 어라운드폴리라는 브랜드를 감각적으로
오래 기억하게 해줍니다.

바로 이 제품으로만 경험할 수 있는 특별한 순간

'논픽션NONFICTION'은 선물하기 좋은 보디용품 브랜드로 입소문이 났습니다. 빅데이터 분석 기관인 바이브컴퍼니의 생활변화관측소는 논픽션이 '내면을 마주 보는 일상의 리추얼에서 논픽션이라는 브랜드가 떠오르게끔 마케팅 캠페인을 스마트하게 펼쳐왔다'고 분석합니다. 의식을 뜻하는 영어 단어 '리추얼Ritual'은 의미와 정성을 담아 일상의 한순간을 고급스럽게 만드는 '소확행'의 행동을 지칭하는 의미로 최근 자주 쓰이고 있습니다.

365일, 12개월, 24시간. 고객이 자신에게 주어진 시간 가운데 이 제품과 마주하는 '바로 그 순간'을 생생하게 상상하고 설

©논픽션

자신 혹은 누군가에게 힐링의 시간을 선물하고 싶은 마음으로
선물을 고르는 순간의 브랜드 경험을 설계한 논픽션.

계해보는 것이 바로 브랜드 경험 설계의 시작입니다. 논픽션은 나 자신을 위해, 내면을 가꾸기 위해, 일상에 지친 마음을 다독이기 위해 보디용품을 고르는 순간, 그리고 누군가에게 그런 힐링의 시간을 선물하고 싶은 마음으로 선물을 고르는 순간을 선택했습니다. 특히 누군가에게 선물을 할 때는 그 취향이 크게 모험적이지 않아 받는 사람이 부담을 덜 느끼는 동시에 선물하는 이의 센스가 돋보이는 것을 고르고 싶게 마련인데, 논픽션은 바로 이러한 리추얼의 순간에 떠올릴 수 있도록 브랜드 경험을 설정한 것입니다.

녹아가는 모습까지 아름답게

'모트Mote'는 한국보다 해외에서 더 잘 알려진 친환경 수공예 비누 브랜드입니다. 한국의 젊은 조향사, 화학자, 디자이너, 공예가 등 4명이 모여 만든 이 브랜드는 파리의 르봉 마르셰, 콘란숍 런던, 텐코르소코모, 메르시 파리 등 유럽 편집숍이나 백화점에 입점해 있습니다.

동물성 오일 혹은 화학적 합성 오일이 아닌 식물성 오일을 사용하고, 숯이나 식물, 과일 등 자연 소재에서 색을 추출해 만든 비건 비누이기도 합니다. '지구의 기억'이라는 뜻을 가진 모트 비누는 독특한 마블링 무늬가 마치 우주의 한 행성을 연상

사용할수록 예쁜 돌처럼 모양이 잡히고 향이 짙어지는 모트 비누.

시키기도 합니다.

네이버 디자인프레스 인터뷰*에서 밝힌 모트 비누의 인기 비결은 비누가 쉽게 무르지 않도록 레이어를 굳건히 쌓고, 압착한 레이어 안에 향을 가두는 것이라고 합니다. 이러한 모트만의 레이어 기술 덕분에 비누가 쉽게 무르지 않고 오래도록 단단한 형태를 유지하며, 쓰면 쓸수록 각각의 레이어가 품고 있는 향이 뿜어져 나옵니다.

무엇보다도 마블링의 결을 가진 동그란 형태의 비누 외형이 눈길을 사로잡습니다. 보통 비누를 사용하다보면 갈라지거나 너무 물러져 원래의 형체나 색감이 무너지는 경우가 대부분인데, 모트 비누는 쓰면 쓸수록 예쁜 돌처럼 모양이 잡혀갑니다. 실제 이 비누를 디자인할 때 손에 느껴지는 감촉, 조금씩 닳으면서 변화하는 외형과 마블링 문양, 약간의 물과 비누를 굴려 거품을 만들 때의 느낌까지 중요하게 생각했다고 합니다. 시간이 지나 건조해진 비누가 앙상해지거나 거칠어지지 않도록, 그 자체로 예쁜 작품 같은 작은 동그라미 모양이 되도록 고안한 것입니다. 이처럼 작은 디테일 하나에서도 이 브랜드만의 철학과 관점이 드러납니다.

---

*   참고 기사 https://blog.naver.com/designpress2016/222094454418

기상천외한 조합으로
경험하는 신세계

선글라스, 로봇, 순수미술, 미래지향적인 설치미술, 핸드크림, 거대 조각상, 고체 향수, 상해 대형 백화점 공간 브랜딩, 블랙핑크의 제니, 화산 폭발, 케이크, 뉴진스 컬래버레이션, 커피의 공통점은 무엇일까요? 정답은 '젠틀몬스터Gentlemonster'입니다.

선글라스 브랜드를 운영하는 ㈜아이아이컴바인드는 회사에서 전개하고 있는 사업의 각 영역을 관통하는 하나의 특징을 '젠틀몬스터'라는 단어로 표현하고자 했다고 말합니다. '점잖다Gentle'라는 단어와 '괴물Monster'이라는 단어의 조합이 생경하고 이질적인 것만큼이나 선글라스와 로봇, 설치미술과 핸드크림, 화산 폭발과 케이크 연계가 신선한 이미지와 공감각적 경

젠틀몬스터의 파격적인 미술 작품 전시와 로봇의 기상천외한 조합.

험을 만들어냅니다.

㈜아이아이컴바인드를 창업한 김한국 대표는 영어 학원 관련 사업을 하다 선글라스 사업으로 급격한 유턴을 했습니다. 당시 선글라스는 패션 아이템인데도 제대로 자리 잡은 브랜드가 없다는 점에 착안해 이 분야에 집중하게 되었다고 합니다. 처음 젠틀몬스터는 논현동, 홍대, 신사동에 쇼룸을 세우고 그곳의 상당 부분을 파격적인 설치미술 작품 전시에 할애하며 패션 업계에 혜성처럼 등장했습니다. 매장에 들어서면 과연 여기가 물건을 파는 곳인지 전시장인지 구분할 수 없을 만큼 분기마다 파격적인 공간 전시를 이어나갔습니다.

전자공시시스템에 공개된 ㈜아이아이컴바인드의 감사 보고서를 보면 2021년 매출은 3,220억 원, 영업이익률은 18.1%이며, 2016년 영업이익률은 32.6%이고, 2018년에는 25%였습니다. 공개된 자료에 따르면 매출원가율이 2016년부터 2021년까지 15~21%로 비교적 낮게 잘 유지됐는데 판매관리비에 공격적인 투자가 가능한 비교적 유리한 업종을 현명하게 선택했다고 봅니다.

이 회사의 특징은 순수회화·순수미술 전공자가 많다는 점, 그리고 로봇 관련 전문 부서가 따로 있다는 점입니다. 선글라스로 시작해서 핸드크림, 카페로 확장되는 비즈니스 전개 과정에서 순수미술과 로봇이 독특한 브랜드 경험을 만드는 데 큰 역할을 했습니다. 시작점이 기존 선글라스, 화장품, 카페의 공식이 아니라, 독특하고 엉뚱한 상상과 실험적인 비주얼, 파격적이고 공감각적 연출, 거대 로봇 설치물로 이루어진 플래그십 스토어의 경험이었고, 이는 그야말로 파격적인 경험 그 자체였기 때문입니다.

젠틀몬스터가 하우스도산HAUS DOSAN이라는 공간을 만들고 '누데이크NuDake'라는 베이커리 브랜드를 선보였을 때 무엇보다도 메뉴의 독특한 진열 방식이 눈길을 끌었습니다. 일단 외관부터 예술 작품 오브제를 연상시키는 각종 베이커리를 긴 쇼케이스에 딱 하나씩만 놓은 것입니다. 고객들은 그 긴 쇼케이스 앞에 서서 마치 전시회 관람이라도 하듯 어떤 메뉴를 선택할지 생각하며 베이커리들을 바라봅니다. 기다림 끝에 케이크 트레이나 박스를 손에 들고 돌아가는 일련의 과정이 카페라기보다는 흡사 미술관인 듯한 착각을 불러일으킵니다.

마찬가지로 젠틀몬스터가 연출한 탬버린즈의 금호동 팝업 스토어는 특유의 감각적인 공간 연출과 함께 향기라는 요소를 관람자가 충분히 만끽할 수 있도록 설계했습니다. '한 줌의 위안'이라는 인상적인 제목을 단 플래그십 스토어에는 3층 높이의 웅크린 사람 모양을 한 거대 조각상을 놓았습니다. 공간을 압도하는 이러한 설치미술 작품과 함께 손목이나 귀밑 등에 부드럽게 바르면 체온에 의해 은은하게 퍼져나가는 고체 향수

젠틀몬스터가 연출한 탬버린즈의 금호동 팝업 스토어.

‘퍼퓸 밤’을 론칭했습니다.

따뜻하고 매혹적인 이미지의 ‘향’과 ‘보습’이라는 소재를 정반대의 감정인 ‘고독’, ‘쓸쓸함’을 표현한 조각상과 매칭하다니, 뻔한 예상과는 완전히 빗나갑니다. 그런데 묘하게도 조각상에서 묻어나는 애잔함이 내면을 들여다보며 자신의 마음을 어루만지는 느낌과도 이어집니다. 이처럼 지나치게 대중적이지도 상식적이지도 뻔하지도 않은, 아주 낯설고 새로운 방식의 브랜드 경험이 참신하고 새로운 생각이나 감각에 목이 마른 사람들에게는 좋은 자극제가 됩니다.

몰입형 광고로 깊어지는 브랜드 경험

“그림 보러 백화점으로 오세요.”

롯데백화점은 3D 스크린에 담는 몰입형 아트 전시를 통해 반고흐, 모네, 르누아르 등 인상주의 화가들의 명화를 실감 나는 디지털 영상으로 구현했습니다. 해외 갤러리에서 만나던 명화가 국내 엔지니어들의 손을 거쳐 시시각각 빛나며 살아 움직이는 3D 몰입형 그림으로 바뀐 것입니다. 백화점으로 고객을 유입하는 앵커Anchor 역할로 몰입형 그림 전시를 활용한 경우입니다.

전 세계적으로 유행인 몰입형 영상의 신호탄을 쏘아 올린 국

©디스트릭트

코엑스 케이팝스퀘어의 초대형 미디어 아트 광고판.

내 옥외광고판이 있습니다. 삼성동 코엑스 케이팝스퀘어의 초대형 미디어 아트 광고판이 바로 그것입니다. 거대한 파도가 덮쳐오는 것 같은 실감 니는 영상으로 주목받은 미디어 아트 〈웨이브Wave〉는 옥외광고 서비스를 운영하는 CJ파워캐스트와 디지털 디자인 회사 디스트릭트d'strict가 합작해 제작한 공공 미술 형태의 광고입니다. 〈웨이브〉는 세계 3대 디자인 어워드 중 하나인 iF 디자인 어워드 2021에서 기술력과 창의력에서 높은 점수를 받아 금상을 수상했습니다.

　디스트릭트는 이외에도 제주, 여수, 강릉 등지에서 아르떼뮤지엄을 운영하고 있으며, 애너모픽 일루전Anamorphic Illusion(착시 현상을 이용해 입체감을 느끼게 하는 기법)을 통해 2D이지만

3D 같은 영상을 초대형 디스플레이에 담아내 옥외광고, 상업 공간, 전시회 등에 활용함으로써 콘텐츠, 광고, 공간이라는 영역에 한 획을 그었습니다.

서울 연희동의 카페 '궤도'는 LED 디스플레이를 바닥에 설치해 거대한 파도가 반복적으로 몰려오는 모습을 연출했습니다. 그리고 천장에 거울을 달아 그 영상이 반사되어 확장되는 효과를 냈습니다. 커피를 마시면서 마치 바다를 보고 있는 듯한 새로운 공간감을 연출한 것입니다.

이처럼 대형 건물 외벽 광고판도 면이 아닌 입체로, 카페 공간도 갤러리나 체험관처럼 몰입감 높은 가상현실 경험으로 설계해 큰 호응을 얻고 있습니다.

오래된 것에서 시작하는 낯익은 새로움

서울 성수동의 '슬로우파마씨Slow Pharmacy'는 '식물 처방'이라는 재미있는 콘셉트로 시작한 식물 전문점입니다. 약국에서 처방전에 따라 하루 세 번 먹을 약을 주는 것처럼 고객별 취향과 생활 습관에 맞는 식물을 처방해 마음의 안정을 돕겠다는 취지입니다.

식물이 가득한 매장은 비커, 삼각플라스크 같은 기물들을 이용해 꾸몄습니다. 약국 데스크처럼 생긴 카운터 공간 안에 흰색 가운을 유니폼으로 입고 있는 운영자는 고객이 찾아올 때마다 이야기를 나누며 적절한 식물을 추천해줍니다. 취향 기반 플랜테리어Planterior라고 볼 수 있습니다.

특히 좁고 긴 병 속에 보존액과 함께 식물의 잎을 넣어 볼 수 있게 한 '식물표본' 상품은 식물을 직접 키우기 부담스러운 경우에 좋습니다. 잎의 모양과 잎맥이 만들어내는 무늬를 가까이에서 감상할 수 있는 이 제품은 책상이나 선반 위에 올려두고 바라보며 마음의 안정을 찾을 수 있는, 슬로우파마씨의 대표 상품입니다. 크기가 작고 특별한 관리 없이도 초록 식물을 잘 유지하고 감상할 수 있어 선물하기에도 좋은 아이템입니다.

슬로우파마씨는 식물로 상업 공간이나 팝업 스토어 혹은 브랜드 이벤트 행사 공간 등을 기획하고 구성해주는 전문적인 공간 기획 업무도 하고 있습니다. 브랜드마다 행사의 목적이 다르고 그 공간을 방문하는 사람들 특성도 다르기에 그에 맞춰 다양한 식물을 구성하고 공간을 디자인하는 것입니다.

이처럼 '친환경', '자연', '힐링'을 중요하게 여기는 요즘 브랜딩 트렌드에 발맞춰 식물을 활용한 브랜딩 사례가 늘고 있습니다. 뷰티 브랜드 '프리메라Primera'는 생태 습지 보전 프로젝트를 진행하고, 곰표는 소래산에 플로깅 하우스를 세우고 산 입구에서 포대를 나눠 줘 등산하는 동안 담아온 쓰레기만큼의 선물을 산 정상에서 제공하며, 록시땅은 4명의 작가와 함께 업사이클 전시회를 엽니다.

이와 같이 어느 분야든 전문성을 가진 콘셉트에 새로운 경험을 조합하는 큐레이션 개념을 더하면 한층 더 차별화된 브랜딩을 기획할 수 있습니다.

한국의 전통 디자인을 현대적으로 재해석해 해외에서도 호평을 받고 있는 인테리어 디자이너 양태오는 5성급 호텔인 서울 인터컨티넨탈 파르나스 호텔과 제주 파르나스 호텔 전 객실의 가구, 소파, 조명 등을 디자인했습니다.

양태오의 가구 브랜드 '이스턴에디션Eastern Edition'은 한국의 자연과 오브제에서 영감을 얻고 기교와 장식이 없는 실용성 있는 가구 디자인을 추구합니다. 본질적인 속성 하나만 남겨두고 최대한 편안하고 안락한 형태의 미니멀한 가구, 패브릭, 소품 등을 통해 절제된 오리엔탈 디자인을 표현해오고 있습니다. 언뜻 현대적인 가구인 듯 보이지만 자세히 들여다보면 한국 전통의 산수화에서 접할 수 있는 여백의 미를 살린 것이 많습니다. 특히 파르나스 호텔에 비치되어 있는 '이음 체어'는 한옥의 고임 기둥인 동바리에서 모티브를 얻어 디자인해 착석감이 매우 좋은 의자입니다.

디자이너 양태오는 가장 한국적인 건축과 디자인에 집중하면서 그 위에 모던한 인테리어 디자인을 입힘으로써 '익숙한 낯섦'을 잘 구현해냅니다. 실제로 그는 100년 넘은 고택을 직

양태오 디자이너가 선보인 한국의 전통미와 자연을 살린 가구 브랜드 이스턴에디션.

접 개조한 집에서 살고 있습니다. 그의 대표작 중 하나인 침대 '문01The Moon01'은 영국 프리미엄 침대 브랜드 '사보이어 Savoir'와 협업해 만든 것으로 영국 제품임에도 불구하고 보면 볼수록 한국의 미가 진하게 느껴집니다.

마르셀 반더스 회사에서 일했던 양태오는 여러 인터뷰에서 네덜란드 디자이너 마르셀 반더스가 자신에게는 우상 같은 존재라고 했습니다. 자신과 자신의 뿌리에 충실한 디자인을 구현하기 때문이라고 합니다.

그의 말처럼 사람들이 원하는 새로운 경험이란 저 멀리 낯선 곳이 아닌, 가장 낯익은 곳에서 '발견'하는 것일 수 있습니다. 나다움을 인지하고 본질을 이해할 때 그리고 그것을 새로운 에너지로 승화시킬 때 가장 창조적이면서 독보적인 새로움을 만들어낼 수 있을 것입니다.

팝업 스토어
전성시대

웬만한 브랜드는 다 연다는, 명실공히 팝업 스토어의 전성시대입니다. 팝업 스토어란 말 그대로 반짝하고 나타났다가 일정 기간 운영하고 사라지는, 일종의 임시 전시장 혹은 매장을 뜻합니다.

썸트렌드의 검색어 트렌드를 살펴보면 2022년 3월부터 2023년 3월까지 '팝업 스토어' 언급량이 많은데, 그중 2022년 4월과 5월에 집중적으로 증가하는 것을 볼 수 있습니다. 2022년 4월 한 달 동안은 뉴스, 커뮤니티, 인스타그램, 블로그, 트위터 전체에서 19만 1,651건이 검색되었고, 특히 트위터에서의 언급량이 18만 3,443건에 달해 압도적으로 높은 것을 알 수 있습니다.

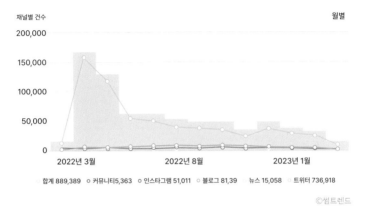

채널별 건수 · 월별

합계 889,389　○ 커뮤니티5,363　○ 인스타그램 51,011　○ 블로그 81,39　○ 뉴스 15,058　○ 트위터 736,918

2022년 3월부터 2023년 3월까지 '팝업 스토어' 언급량

이 시기 트위터에서 '팝업 스토어' 언급이 늘어난 이유는 성수동에서 열린 연예기획사 SM의 아이돌 그룹 NCT의 팝업 스토어 '엔시티 드림 글리치 아케이드 센터NCT DREAM GLITCH ARCADE CENTER' 그리고 명품 브랜드 '디올Dior'의 서울 성수동 팝업 스토어를 비롯한 다양한 전시 덕분이었습니다.

NCT 팝업 스토어는 뮤직비디오와 게임 '글리치 아케이드'를 그대로 재현한 공간을 연출했습니다. 고객들이 입장 순번을 기다리는 동안 기념품을 살펴볼 수 있도록 포토 카드 및 다양한 상품 리스트가 표기된 오더 리스트를 나누어 주었습니다. 이후 팝업 스토어에 들어서면 아이돌 멤버별로 대형 포스터와 캐릭터를 전시해놓고, '글리치 아케이드' 게임 속 환경을 공간별로 다양하게 연출해 사진을 찍을 수 있도록 했습니다. 이외에도 고객이 직접 게임에 참가할 수도 있고, 게임을 끝까지 한 사람에게는 추첨을 통해 NCT 멤버의 친필 사인이 담긴 폴라로이드 사진을 선물로 증정하기도 했습니다.

이제 팝업 스토어는 비단 리테일 브랜드만의 공간이 아닙니다. 드라마도 팝업 스토어를 열고 홍보에 적극 활용합니다. 2022년 최고 시청률 26.9%를 기록했던 JTBC 드라마 〈재벌집 막내아들〉은 드라마 방영 기간에 서울 성수동에 팝업 스토어를 열었습니다. 드라마에 매료된 시청자들이라 하더라도 방영 중인 화면을 찍어 인스타그램에 올리는 경우는 그리 많지 않은데, 팝업 스토어에서는 드라마 세트장과 똑같이 연출된 공간에서 새로운 경험을 하며 인증 사진을 찍어 소셜미디어에 올리기도 합니다. 물론 관련 상품 구매도 가능합니다.

비슷한 사례로, 더현대 서울은 2023년 1~2월에 〈슬램덩크〉 팝업 스토어를 열었습니다. 〈슬램덩크〉의 오랜 팬들이 원하는 굿즈를 사기 위해 전날 밤부터 밤샘 대기를 한 끝에 앞다투어 '오픈런'을 하는 장면이 연출되었습니다. 이곳에서만 살 수 있는 한정판 굿즈 덕택에 팝업 스토어는 개장 후 첫 닷새간 일평균 매출이 1억 원 가까이 될 정도로 그 인기가 높았습니다. 상품 구성이 매주 조금씩 바뀌면서 동일한 팝업 스토어를 여러 번 방문하여 구매하는 'n차' 방문객도 생겨났습니다.

팝업 스토어는 연예인 팬덤 문화에도 확산되어 있습니다. 개그맨 김경욱의 캐릭터 다나카의 후드 티, 반팔 티셔츠, 에어팟, 키링, 달력 등의 소품을 만나볼 수 있는 '다나카프렌즈', '다나카컬렉션' 등의 팝업 스토어가 더현대 서울을 비롯한 다양한 곳에서 열렸습니다. 가수 영탁의 팝업 스토어 '탁스스튜디오'에서는 많은 팬이 모여 영탁이 직접 그린 그림도 구경하고 티셔츠, 모자, 스마트폰 케이스, 포토 카드 등 영탁이 직접 제작에 참여한 굿즈 상품을 구매했습니다.

이처럼 팝업 스토어는 항상 열려 있지는 않지만 다른 데서 구할 수 없는 귀한 상품을 살 수 있고 독특한 경험을 할 수 있기 때문에 사람들에게 새롭고 특별한 가치를 만들어줍니다.

복합 문화 공간을 통한 브랜드의 확장

공간을 통한 브랜드 확장 사례는 침대 전문 브랜드인 '시몬스Simmons'에서도 찾아볼 수 있습니다. 최근 시몬스의 TV 광고에 침대가 등장하지 않아 화제가 되었습니다. 쉼을 의미하는 '멍 때리기'를 주제로 수영장에서 휴식하는 나른한 장면, 발로 천천히 에어펌프를 누르는 장면, 혹은 게이트볼이 천천히 게이트를 통과해 들어가는 장면 등 아무 생각 없이 보게 되는 묘한 광고 영상을 시리즈로 제작한 것입니다. 큰 의미는 없지만 집중해서 보게 되는 일상의 '멍 때리기' 순간을 위트 있게 표현했습니다. 장기간의 코로나 팬데믹으로 불안, 우울감, 스트레스, 수면 장애를 겪는 사람들에게 마음의 치유, 일상의 치유라는 이미지를 전달함으로써 시몬스 침대가 줄 수 있는 편안함을 간접적으로 보여준 것입니다.

이 광고 캠페인은 미국 로스앤젤레스를 기반으로 활동하는 아트 디렉터 듀오 '싱싱스튜디오SingsingStudio'와 협업해 제작한 것으로, 인위적인 연출 없이 오직 아날로그 방식의 공간 연출과 세팅을 통해 촬영했고 CG를 전혀 사용하지 않았습니다.

시몬스는 여기에 그치지 않고 경기도 이천에 복합 문화 공간 '시몬스테라스'를 열었습니다. 브랜드 체험관은 단순히 체험을 하는 곳이 아니라 그 브랜드가 지닌 철학과 세계관을 보여주는 공간입니다. 고객에게 어떤 가치를 전달하고자 하는지, 어떤 방향으로 기업 이윤 활동을 펼치는지, 앞으로 브랜드의 세계관을 어떻게 확장해나갈지를 모두 보여주는 곳입니다.

시몬스테라스는 오픈을 기념해 '잠, 꿈, 편안함'이라는 키워드로 프랑스 출신의 유명 비주얼 아티스트 장 줄리앙과 협업해 작품을 제작하고 전시했습니다. 장 줄리앙은 경매 행사에 초청된 관람객들 앞에서 라이브 드로잉으로 '수면'이라는 주제의 작품을 창작하는 과정을 보여주었습니다. 이어 장 줄리앙의 다양한 작품을 경매로 판매했습니다.

시몬스테라스에서는 도슨트와 함께 둘러보는 사전 예약제 투어 프로그램도 운영합니다. 웹사이트를 통해 예약한 방문객을 대상으로 도슨트가 1시간 동안 함께 거닐며 공간에 대한 다양한 기획 의도와 설명을 해줍니다.

시몬스테라스는 시몬스의 '좋은 수면은 취향이 반영된 삶'이라는 철학을 기본으로 각각 공간을 구성했습니다. 브랜드 박물관에서는 옛날에 매트리스를 만들 때 사용하던 굵은 바늘을 비롯한 다양한 제작 도구, 예전 침대 스프링 등을 전시하고 있습니다. 수면 연구 센터인 매트리스 랩에서는 시몬스의 매트리스 설계 노하우인 조닝과 레이어링 기술을 좀 더 자세히 볼 수 있도록 했습니다. 고객이 누워보고 체형과 수면 습관에 맞는 침대를 고를 수 있는 서비스도 제공합니다.

시몬스의 브랜드가 확장된 이 공간은 '좋은 수면과 라이프 스타일'이라는 브랜드 키워드를 중심으로 제품 전시, 체험, 수면 R&D 센터, 공간 스타일링 제안, 라이프 스타일 소품, 브랜드 뮤지엄뿐만 아니라 팜 가든, 콘셉트 호텔, 미술 전시, 커피 숍, 넓은 야외 테라스까지 유기적으로 구성되어 있습니다.

브랜드의 철학이나 세계관은 과거부터 현재까지의 역사를 통해 드러나게 마련입니다. 모든 것의 역사에는 시작이 있습니다. 우리는 시간을 투자하여 헤리티지를 잘 보존하고 브랜드 스토리를 이어가야 합니다. 속초의 어느 회냉면집에는 밀가루 포대를 한쪽 어깨에 메고 자전거를 한 손으로 운전하며 비포장 도로를 달려 배달을 가는 1대 창업자의 낡은 사진이 걸려 있습니다. 명품 브랜드들이 잘하는 것이 바로 그 헤리티지의 응축과 표현입니다. 디자인 정통성, 브랜드 정통성, 브랜드 역사와 가치는 꾸준히 쌓아올린 그 브랜드만의 세계관이 됩니다.

전혀 연결되지 않던 의미들을 하나의 주제로 엮어내는 것, 그래서 서로 어울리지 않을 성싶은 사람들이 같은 공간 안에서 만나는 것. 이처럼 공간을 기점으로 서로 연결되어 증폭된 힘을 발휘할 수 있게 하는 것이 바로 공간 마케팅의 힘입니다.

온라인과 오프라인의
경계를 뛰어넘다

온라인과 오프라인의 경계가 사라진 오포오O4O, Online for Of-fline 시대라고 합니다. 오투오O2O, Online to Offline는 단순히 온라인과 오프라인을 잇는 것이었다면, 오엠오OMO, Online Merge with Offline는 온라인과 오프라인 공간이 합쳐진 단계였습니다. 여기서 더 나아간 오포오는 오프라인의 모든 브랜드 경험과 판매 접점을 온라인의 다양한 서비스로 최적화하는 것을 의미합니다.

GS25의 '나만의냉장고' 애플리케이션은 1+1 혹은 2+1 상품을 구매한 후 한꺼번에 가져가지 않고 편의점에 보관했다가 언제든지 필요할 때 QR 코드만 보여주면 시원하게, 신선하게, 품절 걱정 없이 찾아갈 수 있는 일종의 '킵Keep' 서비스입니다.

29CM이 쏘카와 협업한 마케팅 캠페인.

스마트폰이 없어도 번호만 입력하면 언제든 자신이 맡겨둔 상
품을 찾을 수 있어 편리합니다. 이외에도 GS25의 '와인25플러
스' 기능은 애플리케이션에서 와인을 구매하고 편의점을 방문
해 성인 인증을 거치면 구매한 와인을 픽업할 수 있는 서비스
입니다.

검색과 결제가 간편한 온라인 쇼핑의 장점을 살리되, 성인
인증이라는 절차와 규제를 지킬 수 있도록 온라인과 오프라인
을 적절히 연계한 방식이 눈에 띕니다.

2022년 서울 삼각지에 오픈한 '29맨션29MANSION'은 취향
셀렉트숍 29CM의 오프라인 팝업 스토어 매장입니다. 브랜드

명을 살린 '당신2 9하던 감각적인 삶(당신이 구하던 감각적인 삶)'이라는 카피와 함께 온라인 브랜드의 오프라인 공간 확장을 알렸습니다. 또한 서울 성수동에 '이구성수'라는 매장을 열고 온라인에서 판매하는 제품 중 일부를 판매하고 있습니다. 29CM은 공유 차량 서비스 '쏘카SOCAR'와 협업하여 '당신29하던 여행(당신이 구하던 여행)'이라는 주제로 강릉 여행 희망자를 받고 추첨을 통해 여행을 지원하는 마케팅 캠페인을 펼치기도 했습니다. 한편, 온라인에서 다양한 패션 브랜드를 판매하는 편집숍 'W컨셉'은 신세계백화점에 매장 3개를 열기도 했습니다.

이처럼 온라인과 오프라인의 경계가 사라지면서 온라인 전문 브랜드가 오프라인 매장으로 확장되고 있습니다.

가상의 푸드 트럭에서 사 먹는 햄버거

미국 서부의 유명한 에그 샌드위치 브랜드 '에그슬럿Eggslut'이 한국에 론칭하던 2020년에는 코로나가 한창이었습니다. 그래서 대규모의 미디어 행사 대신 제페토와 협업하여 가상 공간에서 브랜드 팝업 스토어를 열기로 했습니다. 전 세계 F&B 업계 최초로 가상 세계에서 매장을 연 것입니다.

브랜드의 모태가 된 에그슬럿 초기의 셰프 앨빈 카일란의 푸드 트럭을 그대로 재현했습니다. 미국 로스앤젤레스에서 할리우드의 유명 인사들은 물론 많은 사람이 줄지어 사 먹던 그때 그 푸드 트럭 디자인과 구조를 그대로 연출하고 대표 메뉴인 페어팩스와 오렌지 주스를 실물과 똑같이 만들었습니다. 그리고 시원한 바다 위 대형 크루즈 선박 위 오션 월드에 푸드 트럭을 놓아 한국 고객뿐만 아니라 전 세계 모든 고객이 오션 월드에서 수영하고 나와 가상의 푸드 트럭에서 에그슬럿 메뉴를 사 먹고 즐길 수 있도록 했습니다.

한국에서 에그슬럿을 론칭하던 초반에 대기 줄이 너무 길어 사 먹지 못한 사람들도 이 사이버 공간에서 가상 캐릭터를 만들어 에그슬럿 티셔츠를 입혀보고, 게임처럼 메뉴를 주문하고, 인증 사진을 찍고 놀면서 오프라인 매장에 가고 싶게끔 만든 것입니다.

전 세계 2억 명 이상의 회원을 가진 메타버스 플랫폼 '제페토ZEPETO'는 네이버의 자회사 네이버Z에서 운영하는 브랜드입니다. 회원 중 특히 10~20대 고객이 많아 젊은 고객들과의 브랜드 커뮤니케이션을 강화하는 데 도움을 주었습니다. CU편의점, 스타벅스, 배스킨라빈스, 또래오래 치킨, 이디야 커피 등 국내 다양한 외식 업계에서 제페토에 가상 공간을 만들어 운영했습니다. 외식 브랜드들이 가상 세계에 매장을 만드는 이유는 브랜드 세계관을 확장하여 고객들에게 다양한 브랜드 경험을 제공할 수 있기 때문입니다. 온라인과 오프라인 매장을 넘나들며 가상 공간과 실제 공간인 매장에서 혜택을 누리는 고객들의 브랜드 충성도를 높일 수도 있습니다.

가상의 웨딩홀에서 펼쳐지는 신기한 경험

글래드 호텔은 가상 온라인 공간 제페토에 '글래드 여의도 웨딩' 월드를 만들어 호텔 결혼식 공간을 미리 체험해보고 인증 사진을 찍을 수 있는 이벤트를 열었습니다. 메타버스 환경에서 호텔 결혼식 전 과정을 공간별로 미리 체험해 볼 수 있도록 실제 글래드 호텔의 웨딩홀을 그대로 연출해 포토 존, 전면 미디어홀, 행진장, 꽃 장식, 하객 테이블 등을 살펴볼 수 있게 한 것입니다.

또한 다양한 선물과 혜택을 제공하는 이벤트를 연계해 잠재 고객이 가상의 웨딩홀에서 사진을 찍어 인스타그램에 올려 제2의 홍보로 이어지도록 했습니다.

제페토에서 가상의 호텔리어 캐릭터인 '글래드맨Gladman'을 팔로우하고 지정된 해시태그 '#글래드호텔', '#글래드여의도', '#글래드호텔웨딩'과 함께 웨딩홀 체험 인증 사진을 인스타그램에 올리면 추첨을 통해 호텔 교환권, 레스토랑 이용권, 에스테틱 이용권, 꽃 교환권 등을 증정하는 이벤트도 진행해 좋은

©ZEPETO

글래드 호텔의 온라인 웨딩홀 체험 이벤트.

반응을 얻었습니다.

이처럼 요즘은 가상 공간을 브랜딩하는 데에도 열을 올립니다. 실제 공간을 확장한 메타버스에서 고객들의 가상 캐릭터가 마음껏 브랜드를 간접 체험하고 사진을 찍고 그 경험을 다른 사람들과 나누게끔 하는 것입니다.

5

Storytelling

스토리텔링으로 말을 건다

냅킨에 쓰는
창업 스토리

브랜드에도 서사가 필요한 시대입니다. 어제 즉흥적으로 만든 브랜드, 유튜브 댓글 하나로 만들어진 브랜드에도 그만의 서사가 있습니다. 누가, 왜, 어떻게 만든 브랜드인지, 무엇 때문에 유명해졌고 무엇이 특장점인지 등등 브랜드에 대한 모든 것을 전달할 때는 이야기만큼 효과적인 것이 없습니다.

사람들은 이러한 이야기들이 모인 브랜드 서사에 반응하고, 곧 브랜드에 반응합니다. 공감하고 기억할 만한 이야기, 귀가 솔깃해지는 이야기가 바로 브랜드 서사입니다. 핵심을 깔끔하게 드러내줄 표현만 있다면 뻔하고 재미없는 이야기도 얼마든지 브랜드 서사로 거듭날 수 있습니다. 오늘날 비제도권 브랜드가 제도권 브랜드에 영향을 주게 된 것도 모두 브랜드 서사

덕분입니다.

그래서인지 주변에서 풍성한 서사로 가득한 브랜딩을 어렵지 않게 찾을 수 있습니다. 브랜드의 이야기를 따라가다 보면 꼬리에 꼬리를 물고 다양한 정보로 이어지고, 흩어진 정보를 꿰어 브랜드를 알아가는 것이 마치 하나의 놀이처럼 재미있는 브랜드 여정으로 이어지기도 합니다.

네이버가 '쇼핑라이브'를 오픈하면서 하나에 4,000만 원 하는 전통 갓을 판매해 화제가 된 적이 있습니다. 한국문화재단과 협업해 방송인 박경림이 '사는 의미'라는 라이브 토크쇼를 열고 라이브 쇼핑과 연계해 각종 국가무형문화재 보유자들의 공방을 소개하고 예술 작품의 반열에 오른 공예품들을 판매한 것입니다. 소목장 박명배 보유자, 금박장 김기호 보유자, 매듭장 심혜순 보유자, 조각장 곽흥찬 보유자, 갓일장 정춘모 보유자의 이야기와 공예품이 소개되었습니다.

처음 쇼핑라이브에서 갓을 판매하는 것을 보고 일단 눈을 의심할 정도의 높은 가격에 호기심이 가득 일었습니다. 이후 방송을 계속 보면서 인간문화재로서의 삶과 갓 제작 과정이 너무나 색다르고 흥미로워서 나도 모르게 푹 빠져들었습니다.

미국 스미스소니언 국립 자연사 박물관, 오스트리아 빈 박물관, 로마 바티칸 박물관 등 해외의 유명 박물관에서 초청 전시를 하고 있는 정춘모 보유자의 공방 공간을 소개하고, 인간문화재가 되기까지의 과정, 갓일을 배우면서 있었던 일, 인간문화재로서의 삶에 대한 이야기를 소개했습니다.

이처럼 각 영역의 인간문화재를 소개한 네이버 쇼핑라이브는 방송 4회 만에 누적 시청자가 51만 명을 돌파할 정도로 큰 인기를 얻었습니다. 하나에 4,000만 원짜리 갓을 살 일이 그리 많지는 않겠지만, 그 콘텐츠가 젊은 세대에게 미치는 반응은 컸습니다.

네이버 또한 직접적인 수익 창출보다는 흔히 접하기 어려운 인간문화재의 작품을 소개함으로써 전통 공예품의 우수성과 가치 인식을 확산하려는 목적이 더 컸습니다. 그리고 그것은 네이버 쇼핑라이브라는 플랫폼에 대한 주목도와 품격을 끌어올리는 데에도 큰 역할을 했습니다.

최대한 짧고, 강렬한 이끌림을 주는 한 문장

브랜드 서사Brand Narrative는 길고 복잡하기보다는 한 번 듣고도 남에게 한마디로 전달 가능할 정도로 짧을 때 가장 큰 영향력을 발휘합니다. 강렬한 이끌림을 주는 한 문장이 전체 이야기를 찾아보고 싶게 만들고, 나아가 브랜드에 대한 정보도 검색하게 만드는 요소가 되기 때문입니다.

아무리 좋은 내용이라도 한번에 이해하거나 기억하기 어렵다면 무용지물입니다. 그래서 브랜드 서사를 구성할 때는 많은 이야깃거리 중에서 고객이 가장 열광할 만한 딱 하나가 무엇인지 정의하는 것이 중요합니다.

유명 먹방 유튜버 '히밥'은 할머니 대부터 대식가 집안이라 가족 모두 한 끼에 네 그릇씩 먹는다고 합니다. 짧고 간단하지만 히밥이 얼마나 많이 또 잘 먹는지를 단적으로 설명해주는, 아주 좋은 퍼스널 브랜드 서사입니다.

뉴욕에서 온 프리미엄 버거 '쉐이크쉑Shake Shack'은 냅킨 한 장에 쓴 초창기 메뉴 구성, 주요 식재료 구성, 브랜드 요약이 지금의 쉐이크쉑 버거의 시작이라고 이야기합니다. '신당동떡볶이'가 TV 광고를 통해 유명해지게 된 계기는 '며느리도 몰라'라던 원조 할머니의 떡볶이 레시피였습니다.

'약과쿠키'는 항아리에 넣어 열흘 동안 숙성한 약과를 오븐으로 구운 과자에 더해 만든 수제쿠키 브랜드입니다. 창업자는 평소 자신이 좋아하는 김치를 숙성시키는 항아리를 보다가 거기에 약과를 넣어 숙성시키면 어떨까 생각했고, 그 결과 약과쿠키가 탄생했다고 말합니다.

이처럼 브랜드 서사는 본질에 집중한 이야기에서 시작해 브랜드에 호기심과 호감을 느끼게 해줍니다. 무엇이든 브랜드만의 이야기를 찾아보고 이를 한 문장으로, 냅킨 한 장에 들어갈 정도로 짧고 명쾌하게 표현할 수 있으면 좋습니다.

스토리를 표현하는 브랜드 로고

'TWG 1837'은 선물 아이템으로도 많은 사랑을 받는 싱가포르를 대표하는 유명 차Tea 브랜드입니다. 이 브랜드의 역사*는 1837년부터가 아니라 사실 2008년부터 시작됩니다. 럭셔리 차 문화를 표방하며 고급스러운 패키지 디자인에 'The Wellbeing Group'의 이니셜인 TWG로 상표명을 만들고 싱가포르 상공회의소가 설립된 1837년을 상표 디자인에 넣어 만든 브랜드입니다.

싱가포르에 처음 차를 들여온 역사를 기념한다는 뜻이지만, 클래식한 패키지 디자인과 함께 1837년에 생긴 오래된 브랜드로 잘못 아는 경우도 많습니다. 약간의 노림수도 있겠으나 어쨌든 싱가포르의 차 역사를 상징하는 연도에 브랜드 아이덴티티를 잘 녹여 만든 브랜딩이라고 할 수 있습니다.

'블루보틀커피Blue Bottle Coffee'의 아이코닉한 파란색 병 아이덴티티도 이야기에서 시작됩니다.

빈 사람들은 1683년 빈에 주둔한 튀르키예군의 포위망을 뚫고 옆 나라 폴란드 군대에 도움을 요청하기 위해 튀르키예어와 아랍어가 가능한 예지 프란치셰크 쿨치츠키를 튀르키예군

---

*   출처 https://en.wikipedia.org/wiki/TWG_Tea

싱가포르 마리나베이 쇼핑몰에 있는 TWG 매장.

터키쉬 블루 색상의 아이코닉한 블루보틀커피 로고에도
스토리텔링이 있다.

으로 위장시켜 특사로 보냅니다. 쿨치츠키는 폴란드의 지원을
받아 돌아왔고 허겁지겁 퇴각한 튀르키예 군대가 놓고 간 자루
에 들어 있는 콩을 발견합니다. 바로 커피 콩이었습니다. 이후
그는 유럽 최초의 커피 하우스 더블루보틀The Blue Bottle을 열
고 커피를 소개했다고 합니다.

우리가 알고 있는 터키시 블루 색상의 로고가 바로 이 이야
기를 바탕으로 만들어진 것입니다.

익숙한 제품에
이야기를 얹는다

발로 페달을 밟아 여는 휴지통은 우리 주변에서 흔하게 볼 수 있습니다. 이 휴지통을 발명한 사람은 아내를 사랑한 어느 남자입니다. 휴지봉뿐 아니라 주방 및 욕실 용품, 인테리어, 주택 건설 디자인 영역까지 아우르는 브랜드 '빕Vipp'의 창업 스토리입니다. 빕은 1931년 17세의 덴마크 소년 홀게르 닐슨이 만든 브랜드입니다.

어느 날 닐슨은 자동차를 경품으로 탔는데 안타깝게도 운전을 할 수 없는 어린 나이였습니다. 그는 자동차를 판 돈으로 작은 주물공장을 차렸습니다. 이후 닐슨은 청년이 되어 미용사와 결혼했고, 아내가 일하는 데 도움이 되는 여러 물건을 만들어주곤 했습니다. 그러던 어느 날 손이 바쁜 와중에 쓰레기통 뚜

©빕

아내를 위한 아이디어에서 탄생한 빕의 페달 휴지통.

껑을 열기 위해 번거롭게 장갑을 벗고 끼는 아내를 보며 아이디어를 냈습니다. 이렇게 해서 만들어진 것이 바로 양손을 쓰지 않고 발로 뚜껑을 여는 페달 쓰레기통입니다.

아내를 배려하고 사랑하는 이야기가 담긴 상품은 차츰 주변에 알려지기 시작했고, 근처 미용실, 치과, 병원을 중심으로 인기를 끌며 사업이 커졌습니다. 후에 그의 딸이 사업을 이어받아 페달 쓰레기통을 덴마크만이 아닌 북유럽 전체 시장에서 판매하기에 이르렀습니다.

빕은 페달 쓰레기통 외에도 편리한 기능과 간단하고 고급스러운 디자인을 앞세워 다양한 생활용품을 만들었고, 지금은 고급 주방 시스템 가구로까지 그 영역을 확장했습니다. 이 모든 것의 시작은 아내를 위한 작은 선물인 페달 쓰레기통이었습니다. 페달 쓰레기통은 이제 가정마다 하나쯤 있을 법한 초히트 상품으로 자리 잡았습니다.

브랜드의 역사를 들려주는 타임라인

영화 〈킹스맨〉에서 주인공 역할을 한 콜린 퍼스가 착용한 뿔테 안경으로 잘 알려진 '모스콧MOSCOT'은 100년 넘게 사랑받아온 수제 안경 및 선글라스 브랜드입니다.

모스콧의 다양한 상품을 살펴볼 수 있도록 웹사이트(moscot.com)에 직관적인 유서 인터페이스, 특히 가상으로 안경을 시착해볼 수 있는 '버추얼 트라이온Virtual Try-on' 기능을 구현해놓은 것이 눈에 띕니다. 또한 동유럽에서 미국 뉴욕으로 이민한 1899년부터 5대째 가업을 이어오고 있는 브랜드 서사를 인물별·연도별 타임라인으로 소개하고 있습니다. 이 브랜드 서사는 브랜드의 정통성, 진정성, 전문성에 대한 신뢰도를 높여주는 동시에 친근감도 갖게 해줍니다.

400년 전 유럽 수도원에서 시작된 향수

이탈리아 수도사들이 만든 최초의 약국 화장품 '산타마리아노벨라Santa Maria Novella'는 가장 오래된 약국 화장품 브랜드입니다. 산타마리아노벨라는 이탈리아 피렌체에 있는 오래된 수도원의 이름이기도 해서 이와 구분하기 위해 '산타마리아노벨라퍼퓸'이라 부르기도 합니다.

이 화장품은 13세기 도미니크 수도회의 수도사들이 수도원 정원에서 키운 꽃과 허브 등을 원료로 연고나 향유 등을 만든

고전과 역사가 느껴지는 향수 브랜드 산타마리아노벨라.

것에서 비롯되었습니다. 1612년에 정식으로 약국 허가를 받고 이후 일반인을 대상으로 판매하기 시작했으니 2023년 기준으로 411년 된 브랜드입니다. 1612년이면 조선 시대 광해군 4년인 해입니다.

당시 수도사들이 유럽 지역 곳곳에 가톨릭을 전파하면서 함께 가져간 것이 산타마리아노벨라 화장품이었는데, 최초의 방문 판매인 셈입니다. 산타마리아노벨라는 입소문이 나면서 유럽의 각국 왕실과 귀족들에게 퍼져나갔습니다.

브랜드 서사만 들어도 상상할 수 있듯이 이 브랜드의 화장품에서는 유럽의 오래된 수도원에서나 맡을 법한 오래된 약초 향과 사향 냄새가 느껴집니다. 개인에 따라 호불호가 갈리겠으나 확실한 것은 오래된 역사가 느껴지는 향이라는 점입니다. 다른 브랜드 제품과는 확연히 다른 이 개성이 브랜드 서사와 함께 더욱 매력적이고 차별적으로 다가옵니다.

한국에서는 신세계인터내셔널에서 이 브랜드 매장을 운영하는데 안으로 들어서면 고전적이면서도 기품 있고 편안한 느낌이 듭니다. 여전히 전통적인 수작업 제작 방식을 고수하고 있어서 국내 도산공원 1호점을 포함해 전 세계 매장은 30여 개에 불과하다는 점도 고객들에게는 매력적인 이야기로 다가옵니다. 이러한 이야기들이 이 브랜드의 정체성과 정통성, 제품에 대한 신뢰도를 끌어올립니다.

그 브랜드 스토리
내가 삽니다

'와디즈wadiz'는 다양한 영역에서 누구나 아이디어 상품을 기획해 스토리텔링 방식으로 소개하고, 펀딩 프로젝트로 상품을 출시해 판매하는 크라우드 펀딩 플랫폼입니다. 생산자와 소비자, 기획자와 투자자가 만나 아이디어를 홍보하고 투자하는 일종의 마이크로 펀딩이라고 할 수 있습니다. 각 상품과 아이디어 기획에 대해 설명할 수 있는 공간은 와디즈 웹사이트 또는 애플리케이션 내에 위치한 상세 페이지입니다. 펀딩을 받기 위해서는 이 상세 페이지에 모든 것을 설명하고 표현해놓아야 합니다.

약 60만 명의 구독자를 보유한 유명 유튜버 '드로우앤드류'는 전라북도 고창의 지역 특산품인 복분자로 다양한 상품을 개발하는 아이디어를 와디즈에 올렸습니다. 1,200명이 넘는 사람이 프로젝트에 참여했고, 단숨에 목표 매출 1억 원을 달성했습니다.

'복복BOKBOK'이라는 브랜드명을 달고 나온 발사믹 펄, 발사믹 블록, 복분자 발사믹 등 세 종류의 상품을 집에서도 마치 파인다이닝을 즐기듯 연출할 수 있는 매력적인 사진과 함께 상세히 설명해놓았습니다. 발사믹 펄은 작은 알갱이처럼 만들어 요리 위에 예쁜 장식처럼 올릴 수 있고, 발사믹 블록은 치즈처럼 삼각형 모양의 덩어리를 그라인더로 갈아 요리 위에 뿌릴 수 있습니다.

또한 귀여운 복복 캐릭터 삼형제가 각각 상품의 장점을 친근감 있게 소개했습니다. 고창 지역의 복분자를 초항아리에 넣어 숙성하는 과정을 일러스트레이션으로 상세히 설명하며 제품의 특징과 우수성을 부각하기도 했습니다.

드로우앤드류의 유튜브에는 브랜드 기획, 디자인 개발, 샘플 개발 과정부터 뉴욕에서 연 팝업 스토어와 론칭 홍보 과정까지 상세한 후기가 시리즈별로 올라와 있습니다. 드로우앤드류만의 시그니처 디자인인 초록색과 아메리칸 빈티지 디자인을 잘 적용해 3가지 상품에 그라인더와 푸어러까지 세트로 구성했습니다.

그뿐 아니라 뉴욕에서 한국 음식과 고창 복분자를 알리기 위

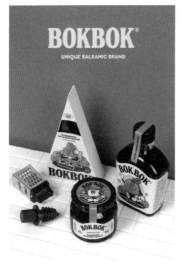

와디즈에서 진행된 고창 특산품 복분자 상품 개발 펀딩 프로젝트.

해 힘써주고 공간을 내어준 셰프들, 레스토랑 운영자, 인플루언서들과 함께 진행한 '고창 복분자 데이' 행사 과정도 마치 예능 프로그램을 방영하듯 생생하게 소개했습니다.

힘들었던 과정도 솔직하게 보여주며 애초에 세운 매출 1억 원 목표를 달성하기까지의 전 일정을 '그린이'라는 구독자 팬들과 함께했습니다. 식초 문화 도시를 선포한 고창군, 한국발사믹식초협회, JN푸드, 유명 유투버 그리고 그린이라는 고객 팬덤이 와디즈라는 크라우드 펀딩에서 함께 만든 결실이었습니다.

표현하기도 가늠하기도 어려운 '진정성'을 담은 이야기

'원소주WON SOJU'는 특히 박재범이라는 아티스트의 소주에 대한 진정성을 담아낸 것으로 호평받고 있습니다. 객관적으로 표현하기도 가늠하기도 어려운 '진정성'이 브랜드의 핵심 요인으로 꼽히다니, 대체 그 진정성이 무엇이고, 대중들에게 무엇을 어떻게 보여주었기에 진정성 있는 브랜드로 자리매김할 수 있었는지 궁금해집니다. 이에 대한 답은 원소주의 브랜드 기획, 출시, 프로모션 과정을 살펴보면 알 수 있습니다. 서툴고 완벽하지 않더라도 꾸준하고 성실하게 자신의 이야기를 쌓아 올리는 스토리텔링 브랜딩의 장점이 잘 드러나는 사례이기도 합니다.

아티스트 박재범은 자기 분야에서는 엔터테인먼트 회사 수장으로서의 전문성과 상징적인 존재감을 지니고 있지만, 소주라는 영역에서는 그렇지 않습니다. 오히려 완전하게 처음이고 서툰 영역이라고 보아야 할 것입니다. 게다가 박재범이 구현하는 장르인 '힙합'이 소주라는 술의 이미지와 잘 매칭되는 것도 아닙니다. 이처럼 소주 전문가도 아닌 박재범이 도대체 왜 소주 사업을 하게 되었는지, 노하우나 인프라 등 여러 자원이 전혀 없는 가운데 어떻게 프리미엄 소주라는 영역을 개척했는지 그 과정을 따라가다 보면 고개가 절로 끄덕여지는 포인트가 있습니다.

©원소주

아티스트 박재범이 소주에 대한 진정성을 담아 탄생시킨
프리미엄 소주 브랜드 원소주.

〈동아 비즈니스 리뷰〉에 소개된 원소주 브랜드 스토리는 다음과 같습니다.

박재범은 2018년 미국에서 〈SOJU〉라는 싱글 앨범까지 발매해 소주에 대한 남다른 애정을 아낌없이 표출했습니다. 미국에서 자라 소주에 대해 잘 알지는 못했지만, 한국에서 힘들게 가수의 꿈을 키우면서 하루의 끝자락에 소주 한잔을 입에 털어 넣으며 내일을 꿈꾸던, 항상 친구 같은 소박한 술이라는 가사입니다. 이후 그는 해외에서 외국인들에게 한국의 초록색 병소주를 즐겨 선물하게 되었는데, 이때부터 자신만의 소주 브랜드를 만들고 싶다는 생각을 하게 되었다고 합니다. 론칭 몇 년 전 어느 예능 프로그램에서 소주 사업을 하고 싶다는 생각을 솔직하게 이야기하기도 했습니다.

그 꿈을 구체화해줄 사업 파트너 김희준 CCOChief Content Officer를 만나 본격적으로 프리미엄 증류식 소주에 발을 들이게 됩니다. 브랜드, 술플루언서(술+인플루언서), 홈쇼핑 관련 경력이 있던 김희준 CCO는 박재범이라는 흥행 보증수표를 숨긴 채 전국 양조장을 다녔다고 합니다.

소량 생산에 까다로운 요청 사항이 많은 신생 업체가 요구하는 양질의 소주 생산에 기꺼이 나서는 곳은 많지 않았습니다. '절대 안 한다', '그런 조건으로는 어디서도 생산이 힘들 거다' 등등의 답변을 받으며 문전 박대를 당하기 일쑤였는데, 다행히 충주의 '고헌정'과 원주의 '모월'이라는 양조장에서 흔쾌히 허락을 해주었습니다. 그렇게 해서 특유의 여과 방식과 냉동 방식을 갖춘 '고헌정'에서 감압 증류 방식을 거친 후 옹기에 2주간 숙성한 프리미엄 소주, 원소주가 탄생했습니다.

옹기 숙성 방식을 선택했기 때문에 생산량 자체가 한정적이지만, 그 덕분에 고객들 사이에서는 원소주 오픈런이라는 현상이 생겨났습니다. 물론 이 이야기 자체가 원소주의 진정성을 구현하는 주요한 스토리텔링의 소재가 되기도 했습니다.

여기에 '힙한' 라벨 디자인과 영문자 'WON SOJU'로 구현한 그래픽디자인, 투명한 병 디자인, 한정판 패키지 선물 세트 등의 요소가 날개를 달아주었습니다. 특히 라벨을 천으로 인쇄해 이후 떼어내 다른 곳에도 활용할 수 있도록 함으로써 소주병 자체를 꽃병이나 오브제처럼 재활용할 수 있는 것도 고객들의 좋은 반응을 이끌어냈습니다.

이처럼 '내가 진짜 좋아해서, 정말 잘해보고 싶어서 이런저런 노력 끝에 만들었다'는 이야기는 브랜드에 열광하게 하는 스토리텔링입니다. 이는 사실 새로운 것이 아니라 늘 있던 방식입니다. 방식이 새로운 것이 아니라, 사람들이 그런 진짜 이야기에 더 크게 관심을 가지고 공감하기 때문입니다.

원소주는 초기에는 하루 2,000병만 한정 생산했는데, 그날 그날 1분 만에 완판되곤 했습니다. 품절 대란 원소주를 사기 위해 편의점 원정을 다니는 고객들이 브랜드 스토리텔링에 자신만의 이야기를 더했습니다.

전혀 다른 곳에서
기회를 만들라

패션 브랜드 '라이프아카이브LIFE ARCHIVE'는 링크드인터내셔널 대표 강기영과 코넥스솔루션 대표 강원식이 미국의 전설적인 시사 잡지 〈라이프LIFE〉의 라이선스 계약을 맺고 패션 브랜드화한 사례입니다. 역사적인 순간을 포착한 사진을 중심으로 한 포토저널리즘으로 잘 알려진 이 잡지는 빨간색 바탕에 흰색 영문 'LIFE'를 로고로 쓰고 있는데, 이를 패션 브랜드의 아이덴티티로 차용한 것입니다.

잡지 〈라이프〉는 1936년에 미국에서 창간된 이래 오늘에 이르기까지 생동감, 투철한 저널리즘, 인류애, 사회적 문제의식, 역사적인 순간의 기록물 등의 이미지를 이어오고 있는데 그 이미지를 패션의 영역으로 끌어들인 발상이 새롭습니다.

역사 깊은 잡지의 이미지를 패션으로 승화하다

라이프아카이브는 잡지 〈라이프〉의 오랜 역사를 반영한 빈티지함과 동시에 미국 상류층 라이프 스타일을 상징하는 아이비리그 룩에서 흔히 볼 수 있는 단정하고 젠틀한 스웨트셔츠, 모자, 아우터 등의 제품을 기획해 팝업 스토어나 무신사 등의 채널에서 젊은 고객들에게 인기를 얻고 있습니다.

라이프아카이브의 웹사이트에서는 잡지 〈라이프〉의 포토저널리즘 이미지에서 유의미한 단어를 추출해 슬로건을 만드는 과정을 상세히 소개합니다. 브랜드의 톤앤매너는 1930년대부터 1970년대까지 시사 저널리즘 사진작가들의 본부이던 뉴욕

©라이프아카이브

미국 시사 잡지 〈라이프〉의 포토저널리즘을 패션 브랜드의
아이덴티티로 차용한 라이프 아카이브.

맨해튼의 무드로 정하고, 패션의 황금기이기도 하던 그 시대의 복식을 재해석하는 것으로 방향성을 잡았습니다. 유튜브 채널 '아키즈스타일(@AkizStyle)'과 '풋티지브라더스(@footage-brothers)'에서는 잡지 〈라이프〉가 패션 브랜드인 라이프아카이브로 바뀌는 과정을 소개하고 있습니다.

이처럼 라이프아카이브는 패션 피플의 안목을 바탕으로 역사 깊은 잡지의 감도를 패션으로 승화한, 라이선스의 새로운 활용법을 잘 보여주고 있습니다.

브랜드 라이선스의 영역은 'A＝A'에서 그치지 않습니다. 'A＝A', 'A＝B', 'A＝C', 'A＝D' 등 무궁무진합니다. 어느 나라에서, 어떤 영역에서, 어느 정도까지 브랜드를 사용하는지, 브랜드 라이선스 비용은 어떻게 지급하는지 서로의 계약 관계가 명확하면 라이선스를 내고 원하는 사업영역에서 브랜드를 사용할 수 있습니다.

라이프아카이브처럼 상징성 있는 브랜드의 이미지를 패션 브랜드로 전환시킨 사례를 눈여겨볼 만합니다. 마찬가지 방식으로 패션 브랜드 역시 호텔, 라이프 스타일 브랜드로 확장할 수 있을 것입니다.

공간에도
이야기가 있다

───────

　요즘 사람들이 많이 찾는다는 핫플레이스를 방문할 때면 '인더스트리얼 디자인', '로프트 스타일', '노출 콘크리트' 혹은 '재해석', '재탄생', '노시 새생', '도시 브랜딩', '탈바꿈' 같은 단어들을 흔히 접하게 됩니다. 이런 키워드에 꼭 들어맞는 곳이 바로 싱가포르의 '웨어하우스 호텔The Warehouse Hotel'입니다.

　강변을 따라 늘어선 모습이 인상적인 이 호텔은 영국 식민지 시절부터 향신료 창고로 쓰던 오래된 공간을 개조해 만든 곳입니다. 싱가포르는 17세기 조호르 왕조 때부터 영국이 해협식민지의 수도로 삼고 총독 관저를 두었던 곳입니다. 영국은 당시 서양에서 귀한 대접을 받던 향신료를 인도에서 실어오기 위해 싱가포르를 무역 거점으로 삼았습니다. 그래서 배가 드나드는 이곳에는

과거 향신료 창고의 이점을 최대한 살려 호텔로 재탄생시킨 싱가포르의 웨어하우스 호텔.

물건을 보관하는 큰 창고와 도매 거래상이 많이 생겨났습니다.

웨어하우스 호텔은 원래 향신료 창고의 높은 층고를 그대로 이용해 호텔 로비에 탁 트인 개방감을 주었습니다. 로비는 평상시에는 투숙객을 맞는 프런트 공간이나 카페, 바 등으로 활용하고 필요할 때는 큰 행사를 할 수 있는 개방형 공간입니다. 또한 기존의 창고가 하역과 물류 이동에 용이하도록 강변에 지어져 37개 객실과 야외 수영장에서 아름다운 강변 풍경을 한눈에 담을 수 있습니다. 그러면서도 창고에서 볼 수 있는 대형 환풍 시설이나 3개의 창고로 연결된 건물 외곽 구조는 그대로 살려 웨어하우스 호텔만의 상징적인 이미지로 만들었습니다. 객실 수 또한 대형 호텔에 비하면 적기 때문에 레스토랑을 비롯한 부대시설이 조용하고 안락하다는 장점이 있습니다.

이처럼 오래된 공간을 재생하는 것은 그 공간이 지니고 있는 스토리를 재해석해 브랜딩하는, 재미있는 작업입니다. 전 세계적으로 도시 재생, 공간 재생이라는 이름으로 오래된 공간을 파괴하고 없애는 대신 이를 새롭게 해석해 많은 사람에게 사랑받는 곳으로 거듭날 수 있도록 만들어가는 추세입니다. 만들어진 곳을 파괴하는 순간 시간과 역사, 이야기와 유산은 새롭게 구축할 수 없기 때문입니다.

리모델링 과정에서 활용한 요소들을 펼쳐보면 다음과 같습니다.

Before	After(장점으로 승화)
창고	기억하기 쉬운 호텔 이름으로 사용
강가 위치	강 전망
낡은 건물	오래된 역사적 건물의 전통 유지
높은 천장	개방감, 대형 홀
벽돌	빈티지 디자인
고전적인 환풍 시설	빈티지 디자인 요소
37개의 방	희소성, 특권
리뉴얼	성공적인 건축과 인테리어 사례로 수상 및 홍보
향신료 창고 스토리	독특한 스토리텔링

도시의 노후화 지역이 트렌디한 곳으로

서울 성수동 '대림창고'는 50년 이상 정미소와 제철 창고로 사용하던 곳을 한 설치미술가가 매입하여 문화 전시관, 카페, 레스토랑으로 바꾸어 운영하는 곳입니다. 강원도 속초의 '칠성 조선소' 역시 오래된 조선소를 개조한 카페입니다. 비교적 최근까지 배를 만들고 수리하던 그 공간의 역사와 흔적을 최대한 그대로 남겨두었습니다. 녹이 슨 앵커나 배를 짓던 공간을 볼 수 있어 카페를 방문한 사람들은 마치 박물관에 온 듯 오랜 시간의 흔적을 살펴볼 수 있습니다.

'서울로7017'은 노후하여 차가 다닐 수 없게 된 17m 높이의 서울역 고가도로를 사람들이 안전하게 산책할 수 있는 길로 바꾼 사례입니다. 1970년대에 개통된 이 고가도로는 산업 근대화와 경제성장의 상징이었지만 시간이 흐르면서 그 의미가 퇴색하고 안전 문제도 불거지게 되었습니다.

서울로7017에는 17개의 진입로가 있어 서울 중심부의 여러 곳과 연결되며, 걷는 중간중간 다양한 식물 등 볼거리를 즐기며 벤치에서 휴식을 취할 수도 있습니다. 2017년에 만들어진 이곳은 '17'이라는 숫자를 상징적으로 활용해 '서울', '서울고가도로', '서울로'의 다양한 의미를 담아 시민들을 위한 특별한 길로 브랜딩되었습니다.

이처럼 도심 속 허름하던 지역이 가장 트렌디한 곳으로 뒤바뀐 사례는 전 세계적으로 수없이 많습니다. 뉴욕 맨해튼에서 가장 핫한 곳으로 꼽히는 '미트패킹 디스트릭트Meatpacking District'도 그중 하나입니다. 미트패킹 디스트릭트는 허드슨강, 첼시마켓, 뉴욕 하이라인 등과 바로 연결되고 오래된 건물 사이로 멋진 부티크 호텔, 레스토랑, 클럽, 다양한 패션 브랜드 매장 등이 있어 젊은이들이 많이 몰리는 곳입니다.

사실 미트패킹 디스트릭트는 말 그대로 각종 고기Meat를 포장Packing하여 유통하는 낙후된 동네였습니다. 아직도 미트 패킹 산업이 일부 남아 있어서 멋있는 부티크 호텔 사이사이로 새벽부터 육가공 제품을 실어 나르는 큰 트럭들이 바삐 움직이는 모습을 볼 수 있습니다.

뉴욕의 트렌드를 이끄는 브루클린의 윌리엄스버그Williamsburg 지역은 맨해튼의 비싼 물가를 피해 예술가들이 모여 살며 알려지기 시작한 동네입니다. 예술가들이 허드슨강 바로 건너편인 브루클린으로 모여들면서 이곳은 최근 10년 사이 인기 있는 브런치 가게, 카페, 레스토랑, 펍, 호텔, 갤러리가 모인 곳으로 거듭났습니다. 집값이 덜 비싼 덕에 다양한 이민자들을 맞아들이면서 문화적으로 풍요로운 곳이 되었습니다.

6

Locality

로컬리티를 극대화한다

향토에서
차별점을 찾다

————————

소규모 1인 경영, 가족 경영, 작은 시골의 어느 브랜드, 스타트업, 협동조합이나 단체에서 운영하는 브랜드 등 눈에 쏙 들어오는 개성 있는 브랜딩 사례를 보여주는 경우를 종종 접하게 됩니다. '로컬리티Locality(향토성)'를 극대화한 경우인데, 이 장에서는 이러한 로컬리티 브랜딩과 차별화에 성공한 사례들을 살펴보겠습니다.

어떤 브랜딩이든 새로운 것을 계속 만들어내야 하는 숙명을 피할 수 없습니다. 사람들이 관심을 보이는 것에는 남다른 가치, 특별한 이야기, 차별화된 콘텐츠가 있습니다. 콘텐츠는 사람들이 좋아할 수 있는 것, 공감할 만한 것, 내 입으로 다른 사람에게 전달 가능한 것, 그 자체로 즐길 수 있는 것이어야 합니다.

브랜딩은 이처럼 강력한 콘텐츠의 집합입니다. 브랜드가 지닌 이야기, 사람들에게 어필하는 요소들이 고객이 즐기는 하나의 콘텐츠인 것입니다. 구매를 위해 비교 검색하는 과정에서 드러나는 콘텐츠, 구매를 하는 과정, 구매 후 브랜드를 누리는 것 자체가 거대한 콘텐츠의 여정입니다.

끊임없이 새로운 것을 만드는 일은 쉽지 않지만, 기존의 요소 중 2가지를 접목해본다면 의외로 쉽게 새로운 콘텐츠를 만들 수 있습니다. 요즘 브랜딩에서는 익숙한 것에서 출발한 완전히 새로운 브랜드 경험이 시작점이 되기 때문입니다.

지방 출신이라 더욱 사랑받는 브랜드

서울이 아닌 지방에서 창업한 뒤 타 지역 사람들이 찾아오게끔 브랜딩하는 공간이 늘어나고 있습니다. 지방 창업은 부동산 임대료나 운영비 절감은 물론 그 지역만의 스토리텔링을 가미할 수 있어 장점이 풍부합니다. 이때 그 지역의 특색과 감수성을 살린 브랜드 스토리를 잘 활용하는 것은 필수입니다. 이를 바탕으로 다른 지역의 고객들이 일부러 찾아오는 브랜드로서의 매력도를 높인다면 더 이상 지방이라고 해서 불리할 것은 없습니다.

강원도 강릉의 '버드나무브루어리'는 원래 막걸리를 만들던

막걸리를 만들던 폐양조장에서 수제 맥주 양조장으로 재탄생해
강릉 주민들의 사랑방이 된 버드나무브루어리.

폐양조장 건물에서 수제 맥주를 만드는 것으로 시작되었습니다. 전통주 전문 교육기관인 수수보리아카데미 출신들이 모여 강릉 합동양조건물을 인수한 다음 이를 맥주를 제조 판매할 수 있는 공간으로 바꾸었습니다. 수수보리아카데미 출신이자 초기 대표이던 전은경은 여행 기자로 일하던 중 지역마다 전통주가 있다는 사실을 알게 되었고, 이에 대한 관심이 자연스럽게 브루어리 창업으로 이어졌다고 말합니다. 지역 주민들이 쉽게 기억하고 부를 수 있는 이름을 고민하다 지었다는 '버드나무'라는 브랜드명은 물론 '미노리세션', '즈므블랑', '오죽스타우트', '하슬라 IPA', '창포에일' 등 순 우리말 맥주 이름이 깊은 인상을 남깁니다(이 중 미노리는 쌀을 생산하는 강릉시 사천면의 한 지역명입니다).

치맥이 있다면 '책맥'도 있습니다. 책을 읽으면서 맥주를 마신다는 의미의 조어입니다. 버드나무브루어리는 강릉을 방문한 관광객들이 다녀가는 곳이기도 하지만, 강릉 지역 주민들의 사랑방 역할도 합니다. 추천받은 책 여섯 권을 선정해 매달 '책맥 리스트'를 올리고 지역 서점 '말글터'에서 책을 구매하면 버드나무브루어리에서 맥주를 무료로 제공하는 이벤트를 꾸준히 열고 있습니다. 이처럼 강릉시민에게 다양한 혜택을 줌으로써 관광객을 상대하는 핫플레이스로 머무는 데 그치지 않고 지역 주민들과 소통하고자 노력하는 모습이 버드나무브루어리의 로컬리티를 더욱 강화해주고 있습니다.

신의 선물이 된 여수 특산물

여수 이순신광장 근처에 위치한 '갓버터도나스'는 여수의 특산물 갓과 프랑스산 고메버터로 크림을 만들어 넣은 도넛 매장입니다. 젊은 고객을 타깃으로 도넛에 특산물 갓을 넣어 만든 로컬 특산물 브랜드입니다. 알싸한 맛의 갓김치로만 갓을 접한 사람이라면 갓과 도넛의 만남이 아주 독특하고 낯설게 느껴질 것입니다. 이곳을 찾은 젊은 여행객들은 갓김치가 아닌 긴 줄 끝에 손에 넣은 갓버터도나스의 맛으로 여수를 기억하고 추억할 것입니다.

갓버터도나스의 도넛은 딱 한 가지 맛만 있고, 육각형 패키지 안에 7개가 들어간 1박스 단위로 판매합니다. 음료도 밀크티와 더치커피 딱 2가지입니다. 대기 줄이 꽤 길지만 10분 정도면 상품을 구입할 수 있는 이유도 단순한 메뉴 구성 덕분입니다. 차례를 기다리는 동안 들여다보게 되는 도넛 제조 과정은 명확한 분업 과정이 군더더기 없이 일사불란하게 돌아갑니다. 도넛에 구멍을 뚫는 과정, 구멍 안으로 갓버터크림 필링을 넣는 과정, 박스에 도넛을 담아 포장하는 과정, 완제품을 계산하는 과정 등 리듬감 있게 물 흐르듯 이어지는 제작 과정을 지켜보노라면 어느새 주문 차례가 돌아와 기다림이 전혀 지루하지 않습니다.

갓버터도나스는 디자인부터 매력적인데, 로컬리티가 느껴지

©갓버터도나스

여수 특산물 갓과 프랑스산 고메 버터크림의
독특한 조합 갓버터도나스.

는 브랜드 로고, 멀리서부터 시원하게 보이는 압도적으로 크고
시원한 사이니지, 그리고 육각형 모양의 선물용 상자와 재미있
는 카피가 들어간 홍보 포스터 등 브랜드 전체의 외관과 인상
을 결정짓는 디자인 요소들이 매우 감각적입니다.

이외에도 갓버터도나스에는 요즘 고객들이 재미있게 여길 만한 브랜딩 요소가 많이 포진되어 있습니다. BI 디자인에 예수를 형상화한 키치한 그림과 '신이 내린 여수 명물 도나스'라는 광고 카피의 조합이 인상적입니다. '갓'을 신을 의미하는 영어 '갓God'으로 패러디해 홍보 문구를 만든 것입니다. 요즘 젊은 층이 흔히 '좋다'라는 의미를 '갓'으로 표현하기도 하는데 '특산물 갓 → 좋다 → 신의 선물'과 같이 의미를 확장해가는 언어유희가 고객들의 뇌리에 깊이 남습니다. 이렇게 해서 여수의 명물 갓은 갓김치에서 벗어난 완전히 새로운 콘텐츠, 브랜드, 상품으로 안착되었습니다.

밸류 프로포지션Value Proposition은 고객에게 제안하는 특별한 가치를 의미합니다. 어떤 브랜드의 가치를 잘 설명하기 위해서는 고객이 인정하는 그 브랜드만의 특별함이 무엇인지 한마디로 정의할 수 있어야 합니다. 경쟁사 브랜드에는 없지만 우리 브랜드에는 있는 가치, 남에게는 없지만 나에게는 있는 가치를 쉽게 설명해보는 것이 바로 브랜드 커뮤니케이션의 시작입니다. 최근 로컬 브랜드의 활약이 눈에 띄는 이유는 지역의 특성을 잘 살려 남들과 확연히 다른 브랜딩과 밸류 프로포지셔닝에 성공했기 때문입니다.

시간의 흔적이
브랜드 헤리티지로

———————

　오랜 가업을 물려받아 지역적 특색과 전통을 가미하고 극대화하여 젊은 감성에 맞게 디자인한 리브랜딩 사례들도 눈에 띕니다.

　'방유당芳油堂'은 전주 중앙시장에 '대구기름집'이라는 간판을 걸고 40년 이상 운영해온 부모님의 비법을 이어받아 만든 브랜드입니다. 꽃다울 '방', 기름 '유', 집 '당' 자를 쓴 방유당은 보통 어둡고 찐득하며 퀴퀴한 냄새가 섞여 있게 마련인 기름집 이미지를 꽃향기 가득한 좋은 기름을 탄생시키는 새로운 공간으로 각인시켜줍니다.

　예전에는 기름집에서 기름을 짜 자식들에게 보내주는 일이 흔했습니다. 직접 짠 기름은 그만큼 믿을 수 있고, 향도 진하고,

몸에 좋은 제품이라는 인식이 강했습니다. 물론 지금 젊은 세대들도 직접 짠 기름의 우수성을 모르는 것은 아닙니다. 하지만 부모님 세대처럼 직접 기름집을 찾아가 기름을 짜서 쓰는 일은 쉽지 않습니다. 무엇보다도 장인 정신이 담겨 있는 브랜드, 신뢰할 만한 브랜드를 찾기가 어렵습니다.

방유당을 만든 손민정 대표는 바로 이 점에 착안했습니다. 부모님들이 오랜 세월 믿고 거래해온 시장 기름집을 젊은 고객들도 편하게 이용할 수 있도록 전통 기름 로스터리 전문점으로 탈바꿈해 리브랜딩한 것입니다.

디자인프레스와 진행한 인터뷰*에 따르면 손민정 대표는 파스타와 올리브 오일에 대한 한국인들의 인식과 긍정적인 평가는 꾸준히 높아지고 있는 데 반해, 참기름이나 들기름과 같이 우리나라 전통 기름에 대한 인식이나 가치 평가는 여선히 낮은 것에 문제의식을 느꼈다고 합니다. 이러한 인식과 태도의 차이는 과연 어디에서 오는지, 사람들은 왜 올리브 오일과 참기름을 다르게 평가하는지 등등 꼬리에 꼬리를 무는 고민이 시작되었고, 이것이 지금의 방유당이라는 브랜드의 시작으로 이어졌다는 것입니다.

*   참고 기사 https://post.naver.com/my.naver?memberNo=36301288

전주 중앙시장의 오래된 '대구기름집'을
젊은 감성에 맞게 리브랜딩한 방유당.

방유당은 현장에서 좋은 향기와 함께 커피를 추출하는 커피 로스터리 카페에서 해결책을 찾았습니다. 커피 로스터리 카페와 기름집은 현장에서 즉석으로 만들어낸다는 공통점이 있는데, 마치 향기 좋은 로스터리 카페에 온 것처럼 기름을 짜는 공간에 있는 사람들에게도 향기로운 경험을 안겨주면 좋겠다는 생각을 한 것입니다. 공간 인테리어도 어둡고 투박하며 작은 공장 같은 느낌을 벗어나 밝고 깨끗하고 예쁜 카페처럼 구성했습니다.

방유당의 패키지 또한 매우 인상적입니다. 보통 빈 소주병에 기름을 짜서 담은 뒤 뚜껑을 닫고 그 위를 비닐로 한 번 더 칭칭 감곤 하는데, 방유당은 와인병과 코르크 마개를 벤치마킹해서 쓰기 쉽고, 손에 쥐기 좋으며, 선물하기에도 알맞은 기름병 제작을 시도했습니다. 처음에는 코르크 마개로 만들어보았는데 자주 쓰고 뚜껑을 여닫아야 하는 불편함이 있어 푸어Poure 라는 디스펜서를 이용했습니다. 대신 병 입구를 종이끈으로 돌돌 감아서 한 방울씩 흐르는 기름을 흡수하게 했습니다. 선물 세트에는 중세 유럽 분위기를 내는 빨간색 실링 왁스를 적용했습니다.

이렇게 해서 부모님의 기름집을 로스터리 카페, 와인병, 올리브 오일, 중세 유럽 포장 방식 등에서 착안한 아이디어를 적용해 감각 있는 브랜드로 재탄생시켰습니다.

100년의 시간으로 빚은 막걸리

1925년부터 100년 가까이 막걸리를 빚고 있는 '지평막걸리'는 4대째 이어오는 가업이기도 합니다. 지평막걸리를 운영하는 '지평주조'의 웹사이트를 방문하면 실시간으로 지평막걸리를 빚어온 시간이 '98년 7개월 12일 18시간 48분 18초, 지평이 술을 빚어온 시간입니다'라는 메시지가 나타납니다.

최근 '홈술, 혼술' 등 혼자 집에서 술을 즐기는 사람이 많아지면서 상대적으로 쉽게 접근할 수 있는 막걸리에 대한 관심도 늘었습니다. 특히 젊은 세대 사이에서 전통을 힙하게 해석하고 받아들이는 '전통힙'이라는 트렌드가 대두되면서 지평막걸리는 새로운 전통힙을 대표하는 브랜드로 새롭게 떠오르고 있습니다. 지평주조의 시장점유율은 1위 장수막걸리의 7분의 1가량이지만 막걸리를 새롭게 즐기기 시작한 고객층으로 한정하면 이야기는 완전히 달라집니다. 지평막걸리는 '젊은 사람이 좋아하는 막걸리', '여자들이 좋아하는 막걸리'라는 인식이 쌓이기 시작했고, 비교적 젊은 세대에서 꾸준히 인기를 높여가고 있기 때문입니다.

지평막걸리의 차별화 포인트는 바로 오래된 양조장의 이미지를 각인시킨 브랜드 스토리텔링에 있습니다. 양평 지평리의 평화롭고 예쁜 마을에 위치한 지평막걸리 양조장은 원래 오래되고 낡은 건물이었습니다. 일제강점기를 거치면서 한옥과 일

오래된 양조장의 이미지를 브랜드 스토리텔링으로 각인시킨 지평막걸리.

본식 건축 방식이 혼재된 옛날 양조장입니다. 건물 내부는 막걸리를 만드는 효모인 누룩균이 벽에 붙어 오랜 세월이 흐른 탓에 천장까지 까맣습니다. 이 건물은 한국전쟁 당시 유엔군 사령부 건물로 쓰인 역사적 가치를 인정받아 등록문화재 594호로 지정되기도 했습니다.

이처럼 지평이라는 지역의 이미지, 오랜 세월 기술과 역사가 함께 전해져온 낡은 양조장, 기계가 아닌 손으로 빚는 수제 막걸리 이미지가 하나로 압축되어 현재의 지평막걸리 브랜딩이 완성되었습니다. 고객들이 반응하는 브랜드 헤리티지, 브랜드 스토리, 브랜드 이미지가 지평이라는 지역의 특성으로 표상된 것입니다.

할머니의 전통 레시피를 품격 있는 파인다이닝으로

강원도 정선에 있는 '전영진어가'는 향어백숙과 송어비빔회를 판매하는 향토 음식 전문점입니다. 처음 이 메뉴를 개발한 할머니의 레시피를 3대째 이어오고 있는데, 현재는 원조 할머니의 손자이자 주인장인 유재진 대표가 파인다이닝급 호스피털리티 서비스와 다양한 시도를 더하면서 '보전'과 '발전'이라는 2개의 키워드 사이에서 적당한 균형을 유지하고 있습니다.

손자가 이 작은 식당을 이어받기로 하고 가장 먼저 한 일은 간판을 바꾸는 것이었습니다. 수십 년 전부터 사용하던 '할머니횟집'이라는 간판은 할머니의 손맛에 반한 고위 관직자가 많은 손님을 이끌고 갑자기 정선 산골짜기 식당에 찾아왔는데 식당 이름조차 없는 것을 보고 만들어준 것이었습니다. 손자는 가족회의를 거쳐 할머니의 이름을 딴 '전영진어가'로 간판을 바꾸고, 정선의 시골 나지막한 황토집에서 기대하게 되는 것 이상의 품격 있는 메뉴와 서비스를 제공하고 있습니다. 특히 식당 지근거리에 위치한 텃밭에서 직접 농사지은 유기농 채소로 만든 밑반찬들로 팜투테이블Farm to Table의 모토를 실천하고 있습니다.

　독특한 점은 최소 한 달 전 방문 시간과 메뉴를 주문해야 한다는 것입니다. 전화 예약도 생각만큼 간단하지 않습니다. 방문할 손님들의 식사 및 술에 대한 취향과 관련한 여러 질문에 답해야 하기 때문입니다. 손님에 대해 잘 알고 준비해서 최선으로 모시겠다는 마음 때문이라고 합니다. 재방문 시에는 지난번에 즐긴 메뉴와 간단한 사항들을 기억하고 배려한 섬세한 서비스를 받을 수 있습니다. 한번에 많은 손님을 받지 않는 대신 찾아온 사람들에게 좋은 음식과 서비스로 최선을 다하겠다는 진심이 느껴집니다.

　전영진어가는 술에 대한 깊은 조예와 철학, 여러 전통주 스승으로부터 받은 배움을 바탕으로 손님의 취향과 건강 상태, 그리

할머니의 레시피를 보전하면서 파인다이닝급 서비스라는 발전 키워드를
균형 있게 유지하고 있는 향토 음식 전문점 전영진어가.

고 음식에 맞는 술을 추천합니다. 여러 갈래의 우리나라 전통주 중 반만 택한다는 뜻의 '반취' 코스와 모든 갈래의 술을 다 마셔 본다는 '만취' 코스가 있는데, 한 잔 한 잔 내주며 손님의 반응을 주의 깊게 살핍니다. 피드백을 받아보고 그다음 잔을 내오며 담백한 설명을 덧붙입니다. 그렇게 어울릴 만한 다음 잔을 내오는 가운데 좋은 식사와 술로 시간이 익어가면 어느덧 정선의 시골은 어둠이 까맣게 내려앉은 깜깜한 밤이 됩니다.

고객이 무엇을
바라보게 할 것인가?

요즘 제주에는 로컬리티를 극대화해 브랜딩에 성공한 사례
가 넘쳐납니다. 제주 서귀포에는 오래된 귤 창고를 개조한 '스
시 오마카세'가 있습니다. 외진 언더긴은 올라 굴밭 하가운데
에 다다르면 작은 귤 창고가 나오는데 이 식당 역시 100% 예
약제로 운영됩니다.

일식 셰프 전석창은 롯데호텔에서 수셰프로 근무한 베테랑
입니다. 그는 제주도로 내려와 직접 귤밭을 일구면서 제주의
신선한 식재료로 딱 7명을 위한 최상급의 오마카세를 선보입
니다. 처음에는 8명을 위한 테이블을 구상하고 일본어로 8을
뜻하는 '하찌'라 이름 지었는데, 운영해보니 7명만 모시는 것이
최적의 서비스를 유지할 수 있다고 판단돼 점심과 저녁 각각

오직 셰프의 움직임과 손끝에 집중하도록 배치해
스시의 맛과 요리 과정을 제대로 즐길 수 있는 오마카세 하찌.

최대 7명까지만 좌석을 채운다고 합니다. 매일 아침 제주항에
나가 가장 신선한 제철 생선을 사고, 다시마로 지은 고슬고슬
한 밥에 제주의 향토색이 물씬 풍기는 네타(스시의 밥 위에 올리
는 재료)를 올려 최상의 스시를 제공합니다.

　이 공간의 독특한 점은 바다와 귤밭이 한눈에 내려다보이는
가장 전망 좋은 자리에 고객이 아닌 셰프가 서 있도록 배치한
것입니다. 매일 정성껏 스시를 만드는 사람이 가장 좋은 풍경
을 바라보면서 행복하게 요리해야 손님에게도 최상의 맛과 서
비스를 제공할 수 있다는 철학에서 나온 배치입니다. 따라서
자연스럽게 풍경을 등지고 앉은 손님들은 오직 셰프의 움직임

과 손끝에 집중해 스시가 만들어지는 온 과정을 제대로 즐길
수 있습니다. 풍경은 식사를 하기 전이나 후에 얼마든지 자유
롭고 여유롭게 즐길 수 있을 것입니다.

해녀 도시락과 귤밭을 통째로 쓰는 나만의 숙소

제주의 카페 '가든이피엘'은 옛 해녀들의 도시락을 현대적으
로 해석해 만든 태왁도시락으로 잘 알려져 있습니다. 태왁도시

제철 식재료를 사용해 메뉴가 조금씩 달라지는 제주 카페 가든이피엘의 태왁도시락.

락이란 예로부터 해녀들이 자맥질을 하다가 잠시 쉬기 위해 올라왔을 때 붙잡는 태왁에 붙여둔 도시락을 가리키는 말입니다.

　이곳의 태왁도시락 메뉴는 제철 식재료에 따라 조금씩 달라지는데 기본적으로 제주의 맛을 새롭게 해석해 구성한 것입니다. 예를 들어 위미 한라봉으로 만든 간장 소스에 담근 광어를 간편한 캔에 담은 소드락 제주 광어장, 제주 흑돼지 등심 돈가스가 들어간 검은색 샌드위치, 톳으로 지은 고소한 밥이 들어간 톳유부초밥 등 어디서든 펼치면 특별한 소풍을 나온 듯한 기분이 나는 메뉴들입니다. 간이 세지 않아 심심하며, 토속 특산 메뉴를 활용했음에도 친근하게 느껴지는 감칠맛 나는 구성입니다.

　제주 중산간 선흘리에 있는 숙소 '스테이3355'와 '선흘별채'는 에어비앤비에서 예약할 수 있는 감성숙소입니다. 넓은 귤밭에 있는 집을 통으로 빌리면 한라산이 보이는 귤밭 풍경을 오롯이 누릴 수 있습니다. 숙소 어디서든 통창에 담기는 싱그러운 귤밭을 즐길 수 있고, 귤밭에서 와인을 마시거나 식사를 할 수도 있습니다. 귤밭 곳곳을 자유롭게 다니며 귤을 따도 되고, 제주 감성이 물씬 풍기는 공간을 거닐며 호젓하게 산책을 해도 됩니다. 밤에는 빔 프로젝터로 나만의 야외 영화관을 즐길 수도 있습니다. 곳곳이 포토 존이고 감성 사진을 찍기에 최적화되어 있습니다.

(위) 제주 감성이 물씬 풍기는 공간을 오롯이 누릴 수 있는 선흘별채.
(아래) 스테이3355에서 바라본 풍경. 앞에 보이는 귤밭 전체가 투숙객이 온전히 누리는 사적 공간이다.

요즘 다양한 형태와 콘셉트의 숙소가 많은데, 특히 이곳처럼 숙소 운영자를 포함해 일체 다른 사람들과 접촉 없이 조용히 문을 열고 들어가 집 한 채를 온전하게 즐기고 나올 수 있는 곳이 인기입니다.

이처럼 고객들은 공간을 선택하기 전 그곳의 이야기를 먼저 읽어봅니다. 제주라는 지역 특색이 물씬 풍기는 유기농 귤밭 한가운데에 지어진 집, 아무도 없는 드넓은 귤밭 지평선 너머 한라산을 바라보며 커피 한잔을 조용히 즐길 나만의 테라스가 있다면 어떤 공간일지 상상하게 됩니다. 공간도 이야기입니다.

한국의 일상을
세계로

———————

세계시장에서 이제 한국적인 것은 그 자체로 가장 큰 경쟁력입니다. 그렇다면 한국적인 것이란 과연 무엇일까요? 국악, 색동저고리, 하회탈, 기와집 같은 것들, 즉 전통적인 것을 한국적인 것이라 여기던 시절도 있었습니다. 그런데 세월이 흐르며 이제 한국적인 것은 지금, 오늘날의 한국인들이 가장 일상적으로 하는 것들, 전통이라는 막연한 틀에 얽매이지 않고 자유롭고 창의적으로 확장한 것인 듯합니다. 다시 말해 우리의 가장 일상적인 모습이 가장 한국적이고 그것이 세계적인 콘텐츠로 각광받는 시대가 된 것입니다.

전 세계의 젊은 세대들이 뜨거운 반응을 보인 '단하주단'의 한복은 걸 그룹 블랙핑크와 오마이걸 멤버들이 뮤직비디오 등에서 패셔너블하게 소화해 화제가 되었습니다. 블랙핑크 멤버인 로제가 입은 의상은 조선 시대 무관의 옷인 철릭을 재해석한 것이고, 제니는 한복 속옷의 한 형태인 가슴가리개를 크롭 톱 느낌으로 숏 팬츠와 함께 착용한 후 남성용 도포를 모티브로 한 화려한 문양의 겉옷을 연출했습니다. 이처럼 단하주단의 한복들은 전통에 얽매이지 않고 경계를 허물며 새로운 개념의 한복 트렌드를 이끌고 있습니다. 블랙핑크의 '하우 유 라이크 댓How You Like That' 신곡 무대 발표 직후 검색 포털 구글에서는 'Hanbok' 검색량이 급증했고, 단하주단의 인기도 급상승했습니다.

단하주단은 메타버스에도 한복이라는 아이템으로 당당히 입성했습니다. 패션 NFT 프로젝트에서는 '조선에서 온 소녀 소미'라는 3D 가상 인플루언서가 예쁘게 한복을 입고 있는 모습을 한정판 3D 이미지로 담아 NFT를 발행했습니다. 2022년 1월 단하주단 NFT가 발행되자마자 단 10초 만에 3,500개가 완판되기도 했습니다.

가장 나다운 것에서 출발한 전통의 재해석

'가장 나다운 것'이 경쟁력의 원천입니다. 평소 한복을 즐겨 입던 김단하 대표는 의상이 아닌 중국어를 전공했고, 과거에 카지노 딜러로 근무했다고 합니다. 평소 좋아하는 한복 바느질

개인의 취향이 글로벌 비즈니스로 연결된 단하주단은
젊은 세대들을 중심으로 새로운 개념의 한복 트렌드를 이끌고 있다.

을 배우기 위해 궁중복식연구원에서 한복 만드는 법을 공부하
며 열정을 불태운 끝에 자신의 예명을 딴 단하주단을 창업하게
되었습니다. 그저 좋아서 취미로 시작한 청년 창업의 아이템이
'한복'이었던 셈입니다.

김 대표의 시도는 한복을 일상복으로 입게 하는 것이었습니
다. 통 넓은 속바지를 와이드 팬츠로 변형하고, 여름 한복 소재
인 노방으로 독특하고도 한국적인 시스루룩을 만들어내고, 남
성용 도포를 여성용 아우터로 만들었습니다. 여기에 그치지 않
고 페트병에서 추출한 원사로 만든 재활용 원단으로 업사이클
링 한복을 만들기도 했습니다. 그리고 더 나아가 전통 문양을

IP화하는 작업도 진행했습니다. 한국 전통의 문양을 패턴화하고 자산화해 향후 이러한 디자인들이 더 풍부하고 다양하게 활용되어 발전할 수 있도록 기반을 다진 것입니다. 고립되고 단절된 전통으로 그치는 것이 아니라 계속해서 사랑받고 지속 가능한 한복을 만들기 위해 다양한 시도를 계속하고 있습니다.

이러한 도전에서 무엇이 맞고 무엇이 틀린지 정답에 연연할 필요는 없습니다. 김단하 대표는 전통 답습을 위해서가 아니라 온전히 좋아서 시작한 한복의 일상화 사업이었기에 선입견 없이 이러저러한 시도를 마음껏 해볼 수 있어서 새롭고 즐거웠다고 이야기합니다.

이제 국내는 물론 해외에서도 한복을 입은 사람을 심심찮게 볼 수 있습니다. 그리고 개량 한복을 입고 해외여행을 가거나 일상에서도 촌스럽지 않은 한복, 스타일리시한 한복을 입은 사람들을 종종 만날 수 있습니다. 과거 특정 나이대에서 즐겨 입던 한복이 이제 한국의 젊은 세대는 물론 글로벌 젊은 세대에게도 통하는 트렌디한 콘텐츠 그 자체가 된 것입니다.

파리에도 쇼룸을 연 '메종드단하'는 인기가 없던 개량 한복 브랜드에 과감한 시도와 끊임없는 노력을 기울여 가장 한국적인 콘텐츠가 비즈니스로 어떻게 발전할 수 있는지를 보여주는 좋은 사례입니다. 가장 나다운 것에서, 내가 가장 잘 아는 것에서 글로벌 브랜드를 만드는 열쇠를 발견할 수 있습니다.

7

Fandom

의미 있는 팬덤을 구축한다

펀슈머 팬덤

펀슈머Funsumer란 즐거움을 찾는 고객을 의미합니다. 이왕 하는 쇼핑이라면, 이왕 돈 주고 사는 거라면, 그 과정에서 즐거움을 찾고 의미를 부여하자는 것입니다. 이처럼 브랜딩과 쇼핑은 이제 노는 문화이자 콘텐츠로 소비되고 있습니다.

사람들이 원하는 것은 반복되는 일상 속 작은 위트입니다. 틀과 긴장을 깨는 작은 놀이는 성인이 된 고객들도 열광할 수 있는 요소입니다. 유튜브를 기반으로 활동하는 개그 그룹 '피식대학'은 개그맨으로 구성된 채널입니다. 공중파 방송에서 개그 프로그램이 점차 사라지면서 대안으로 찾은 유튜브 공간에서 활동하게 된 것입니다.

이 안에 거대한 세계관이 있고 다양한 세계관에서 여러 캐릭터가 출연하는데, 그중 파생된 하나의 세계관이 '한사랑산악회'입니다. 일주일에 한 번 전국 명산을 찾아다니는 중년 산악회원을 콘셉트로 하고 있습니다. 실제로는 20대 개그맨들이지만 한사랑산악회에서는 다소 촌스러운 감성을 뿜어내는 아저씨 캐릭터 설정이라서 캐릭터마다 은근히 빠져들게 하는 매력이 있습니다. 한사랑산악회의 굿즈 상품 중에는 다소 촌스러운 그래픽디자인과 색감의 산악회 회원 기념상품이 있는데, 이 촌스러운 굿즈들이 젊은 세대에게 재미 요소가 됩니다.

피식대학은 글로벌 콘텐츠로도 세계관을 확장했습니다. '피식Show'라는 영어로 진행하는 프로그램을 만들어 할리우드 배우와 감독을 초빙해 잡담을 나누면서 자연스럽게 영화 홍보 PPL을 풀어냅니다.

다마스 트럭에서 과일 무늬 티셔츠를 파는 이동형 티셔츠 가게인 '김씨네과일'은 진짜 과일을 파는 가게가 아닙니다. 게릴라성으로 언제 어디에서 판매한다는 정보를 인스타그램에 올리면 고객들이 찾아가 구매하는 시스템인데, 인기가 높고 몰리는 고객이 많다보니 선착순으로 입장 팔찌를 나눠 주기도 합니다.

소쿠리에 담긴 과일 모양 티셔츠와 널빤지를 북 찢어 매직펜으로 아무렇게나 쓴 상품 안내 문구가 재미있습니다. '정신 체리세요'라는 체리 티셔츠, '하우스 딸기'라고 쓰인 딸기 티셔

츠, '파프리카 청춘이다'라는 파프리카 티셔츠, '힙합은 라임'이
라는 라임 티셔츠 등 고객에게 건네는 위트가 있습니다.

위트와 놀이가 더해진 브랜딩

유통 업계에 신선한 자극을 주는 김씨네과일의 위트에는 요
즘 젊은 고객들을 열광하게 하는 쉽고 간단한 원칙이 숨어 있
습니다. 어도비코리아의 광고 모델로도 유명한 김씨네과일 김
도영은 포토숍의 초간단 편집 기능만으로 다양한 티셔츠를 편
집하고 만들어 판매하고 있습니다. 원래 본업이 티셔츠 판매였
는데 '과일'로 콘셉트를 좁히고 과일가게에서 파는 방식으로
'놀이'의 개념을 입힌 것입니다. 형식을 파괴하고, 점잖과 완벽
한 브랜딩을 벗어나 정반대로 가니 사람들이 열광하는 지점이
새롭게 열립니다.

CJ온스타일 홈쇼핑 라이브쇼 〈셀렙샵9〉에서도 그 인기를
다시 확인했습니다. '당일 생산해 산지 직송한 싱싱한 과일 티
셔츠' 4,000장을 딱 15분 만에 완판한 것입니다. 특유의 입담,
장난기 가득한 쇼맨십으로 유쾌한 볼거리도 더했습니다.

편의점, 슈퍼마켓, 대형 유통점마다 오픈런 장면을 연출하게
하는 초히트 상품인 포켓몬빵 역시 펀슈머를 제대로 형성한 예
입니다. 떼었다 다시 붙일 수 있는 띠부씰과 캐릭터가 그려진

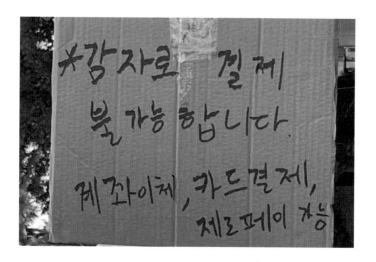

©김씨네과일

위트와 재미를 담은 판매 문구로 팬덤을 만드는
이동형 티셔츠 가게 김씨네과일.

포켓몬빵의 재출시는 포켓몬스터와 포켓몬빵에 대한 유년 시절의 추억이 있는 고객들을 열광시켰습니다. 비교적 적은 비용으로 마음껏 사 먹고 다양한 캐릭터를 모을 수 있는 소소한 일상의 재미가 아이들뿐만 아니라 편의점마다 오픈런하는 어른들 놀이로 이어진 것입니다.

한사랑산악회, 김씨네과일, 포켓몬빵은 '뭐 재미난 일 없을까?' 하며 심심해하는 사람들에게 '옜다, 재밋거리' 하고 건네는 장난 같은 브랜딩이라고 할 수 있습니다. 하지만 그 안에서도 작은 공감대와 팬덤이 생기게 마련입니다. 김씨네과일 티셔츠를 입고 있는 사람끼리 서로를 알아보는 작은 연대가 생기는 것처럼 일상의 소소한 유희가 사람들을 즐겁게 해주는 것입니다.

브랜드 제작
과정까지 공유하라

모토는 적게 일하고 많이 벌자는 뜻의 '스몰 워크 빅 머니 Small Work Big Money'와 아무것도 안 하겠다는 '두 나싱Do Nothing'입니다. '모쨍이'리는 이름의 팬클럽도 있습니다. 개성이 다른 멤버마다 각자의 팬들이 또 있습니다. 팬들은 유튜브 채널에 올라오는 모든 콘텐츠를 챙겨 봅니다. 스티커와 다양한 굿즈가 인기인데 티셔츠를 내놓으면 대개 품절이 됩니다. 노동절이라는 오프라인 행사를 열었는데 팬들이 줄을 서서 다녀갑니다. 행사 기간에 다섯 번 다녀간 팬도 있습니다. 책을 내면 1시간 만에 1쇄가 완판됩니다. 아이돌 이야기가 아닙니다. 라인프렌즈 출신의 디자이너들이 모여 운영하는 디자인 베이스의 젊은 콘텐츠 회사 '모빌스 그룹'의 이야기입니다.

오뚜기 누룽지 브랜딩 과정에 팬클럽이 참여해
함께 세계관을 만들어나간 모빌스의 누브랜딩 프로젝트.

각 멤버들의 퇴사, 창업 과정, 프로젝트별 업무 과정 등을 유튜브 채널 'MoTV'에 올리고 팬 모쨍이들과 함께 실시간으로 소통합니다. 브랜드 로고를 만들기 위해 고민하는 과정, 스케치 과정, 브랜드에 대한 세계관을 쌓아가는 과정, 굿즈 상품을 만들기 위해 기획하는 과정, 인쇄소 감리 과정 등 모든 과정을 영상으로 올리고 소통하기 때문에 처음에는 호기심과 간접경험으로 일을 배운다고 생각하면서 보다가 어느 순간 이 회사의 멤버가 되어 디자인과 브랜딩 업무를 함께 하고 있다는 느낌이 듭니다.

업무 중간 상황을 공유하고, 라이브로 실시간 소통을 하고, 선물을 주기도 하고, 오프라인 워크숍을 열어 앞으로 전개할 브랜드의 방향성에 대해 진지하게 생각을 나누기도 합니다. 그러다보면 아이돌처럼 친근해진 유튜버를 응원하고 지지하게 됩니다.

모빌스에서 '누브랜딩'이라는 프로젝트를 통해 여러 브랜드와 협업을 전개했는데 오뚜기 누룽지 브랜딩 과정에서 모쨍이들의 활약이 재미있었습니다.

패키지 디자인은 덴마크에 거주하면서 협업하는 주연 디자이너가, 누룽지 캐릭터 뚜룽이 디자인은 모춘 디자이너가 그려가고 있었는데, 처음부터 모든 과정을 유튜브 채널을 통해 함께하고 있던 모쨍이들이 스케치만 그려진 뚜룽이를 보면서 댓글을 남겨 뚜룽이의 세계관을 다양하게 확장시킵니다. '뜨거운 물을 좋아해서 온천이나 스파를 좋아하고, 항상 들고 다니는 국자(숟가락)는 노를 저을 때 사용합니다', '국자를 타고 여행을 다니기도 합니다', '온천탕에서 양머리수건을 쓰고 휴식을 취할 것 같습니다', '평소에 헨젤과 그레텔처럼 밥알을 흘리며 다닐 것 같습니다' 등등 재미있는 댓글에 댓글이 더해지면서 뚜룽이의 세계관이 팬덤과 함께 완성되었습니다.

> "뚜룽이의 모험. 온천 마을에서 태어난 뚜룽이. 바쁜 젊은 친구들 건강 챙기러 도시로 왔다! 잘생긴 쌀밥 형한테 밀리고 여기저기 흘리고 다니는 칠칠치 못한 뚜룽이지만 건강에 대해서는 단호한 편. 딱딱해 보이는 겉모습과 달리 속은 따뜻한 츤데레 뚜룽이! 이제 그의 모험이 시작되는데……"

고객이 직접 고르는 디자인

모베러웍스가 신한카드와 협업하여 만든 '딥드림Deep Dream' 카드는 고객과 함께 디자인 시안을 고른 사례입니다. 신한카드와의 디자인 협업 전 과정을 모베러웍스의 유튜브 채널을 통해 팬들과 공유했습니다. 영상이 올라올 때마다 마치 같이 회의에 참석한 듯한 착각이 들 정도로 상세한 내용까지 공

©신한카드

고객과 함께 디자인을 고르고 전 과정을 공유한 신한 딥드림카드.

개했습니다. 협업 과정에서 회사 문화나 업무 문화가 달라 발생하는 의견 차, 오해할 만한 회의 과정, 협업 프로젝트를 진행하는 동안의 긴장감, 그리고 결국 서로 갈등을 풀고 좋은 결론으로 매듭짓기까지 모든 과정을 유튜브 구독자이자 고객인 모쨍이들과 함께했습니다.

애초 디자인 시안이 여러 개 나와 신한카드 측과 화상회의를 통해 2가지로 좁히고, 그중 최종적으로 하나를 선택해야 할 때 모쨍이들 의견을 참고했습니다. 유튜브 채널에서 댓글로 투표를 받아 가장 높은 점수를 얻은 시안을 최종 선택한 것입니다. 이렇게 출시된 카드 디자인은 고객들로부터 좋은 반응을 얻었고, 신용카드 발급 후 수많은 인증 사진이 올라왔습니다.

이처럼 브랜딩 과정을 여과 없이 보여주고 고객이 중간 과정에서 직접 의견을 개진하여 함께 결과물을 만들어내면 시장 반응과 가장 가까운 결과물을 얻을 수 있습니다. 조직이나 업무 특성에 따라 고객에게 전 과정을 공유하고 그 의견을 반영하는 것이 불가능할 수도 있겠지만, 일부 과정 혹은 일부 프로젝트에서는 시도해볼 만합니다. 그렇게 만들어진 결과물은 지갑을 열고 사는 사람이 직접 기획에 참여한 것이기에 더 좋은 반응을 얻을 수 있습니다.

고객이 메아리를 만드는
이밴절리스트 마케팅

'펠로톤Peloton'은 미국에서 사이클링 서비스에 영상 콘텐츠와 실시간 운동 관리 프로그램을 접목한 사례입니다. 오프라인 사이클링 스튜디오인 '솔사이클SoulCycle'을 좋아하던 존 폴리 부부가 설립한 회사입니다. 출산 후 운동 시간이 절대적으로 부족하던 부부는 집에서도 혼자 다이어트를 위한 사이클링을 할 수 있으면 좋겠다고 생각했고, 이후 집에서 TV를 보듯이 영상을 시청하며 짬짬이 운동할 수 있는 헬스용 자전거인 펠로톤을 출시했습니다.

창업자 부부는 온라인 서점인 반스앤노블에서 쌓은 다양한 경험과 전자 상거래 경력을 살려 실내 자전거에 큰 태블릿 모니터를 설치하고 이를 통해 다양한 사이클링 강사들의 콘텐츠를 볼 수 있게 했습니다. 또한 넷플릭스처럼 매일 새로운 운동 콘텐츠를 올려주고 사람들이 자신이 원하는 시간에 원하는 프로그램을 선택해 실시간으로 다른 사람들과 사이클링 기록을 경쟁하며 신나게 운동할 수 있도록 했습니다.

펠로톤이 제공하는 실시간 스트리밍 서비스에는 매일 20여 개의 새로운 프로그램이 올라오는데, 사용자는 자신의 음악 취향이나 원하는 운동 강도 등을 고려해 수업에 참여할 수 있습니다. 스타 강사의 프로그램을 선택할 수도 있고, 클럽 같은 분위기에서 신나게 운동을 할 수도 있습니다.

펠로톤 자전거에는 꽤 큰 모니터가 달려 있는데 마치 스튜디오에서 직접 수업을 듣는 듯한 효과를 줍니다. 화면을 통해 지금 누가 수업을 듣고 있는지 확인할 수 있고, 강사에게 질문을 할 수도 있습니다. 강사도 접속 현황과 분당 회전수, 속도, 거리 등 수업 참여자의 운동 데이터를 보면서 이들의 운동량을 체크하고 적절하게 수업을 이끌어나갈 수 있습니다.

사이클링에서 시작한 펠로톤은 이제 러닝 머신, 근력 운동, 로잉 머신으로 서비스 영역을 넓히고 있습니다.

펠로톤은 코로나 팬데믹 특수를 특히 많이 누린 회사로 주목받았습니다. 헬스장이 아닌 집에서 혼자 운동하는 사람이 늘면서 2021년에는 연간 매출 31억 5,000만 달러(약 4조 200억 원)로 전년 대비 115% 성장했습니다. 그 전에도 꾸준히 두 자

©펠로톤

사이클링 서비스에 영상 콘텐츠와 실시간 운동 관리 프로그램을 접목한 펠로톤의 헬스용 자전거.

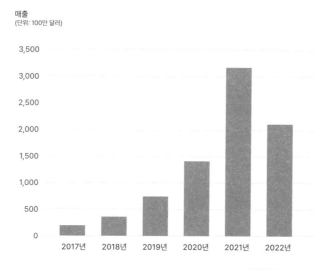

매출
(단위: 100만 달러)

©펠로톤 Financial Report

펠로톤 매출 성장 추이

릿수 성장을 하고 있었는데 2020년과 2021년 사이 단 1년 동안 회사가 2배 이상 성장한 것입니다. 2012년에 세워진 펠로톤은 2016년 뉴욕에서 가장 빨리 성장한 회사로 뽑히기도 했습니다. 오프라인 사이클 스튜디오인 솔사이클을 잘 모방하고 한 단계 발전시켜 성공한 것입니다.

펠로톤은 한 달에 39달러(약 5만 원)로 1만 개가 넘는 영상을 무제한 시청할 수 있습니다. 펠로톤 전용 자전거가 없다면 일반 실내 자전거에 스마트폰이나 태블릿 애플리케이션을 장착해 이용할 수도 있습니다. 애플리케이션 이용료 12.99달러(약 1만 7,000원)만 내면 마찬가지로 모든 영상을 무제한으로 즐길 수 있습니다. 하지만 운동을 하다보면 실시간으로 자신의 운동 현황을 확인하고 공유해서 강사가 제안하는 세팅값과 동일하게 설정하고 싶어서 펠로톤 전용 자전거까지 구매하는 경우가 많습니다.

고객 자신이 주인공이 되는 마케팅

펠로톤은 이처럼 기존의 서비스에 새로운 콘텐츠를 더해 좋은 반응을 얻었는데, 여기에 박차를 가한 또 다른 요인이 있습니다. 바로 고객이 주인공이 되게 하는 구전형 마케팅입니다.

인스타그램과 웹사이트에 고객들 후기와 다이어트 및 건강 관리 사례 등을 짧은 인터뷰 형식으로 편집해 소개하는 일을 수년 동안 꾸준히 이어오고 있습니다. 또한 유튜브, 페이스북 등 모든 채널을 동원해 다양한 사람들의 이야기를 전해줍니다. 바쁜 일상에서 운동을 하며 건강을 지켜가는 사람, 암을 이겨내며 치료와 운동을 병행하는 사람, 그저 고객으로 펠로톤을 이용하다가 새롭게 강사로 참여하게 된 사람 등 수많은 사람이 저마다 자신이 처한 현실에서 펠로톤과 함께 어떻게 삶을 바꾸어가고 있는지를 섬세하게 공유합니다. 이를 통해 고객들이 지닌 가능성과 꿈을 지원하는 펠로톤의 브랜드 철학과 정체성이 효과적으로 드러납니다.

이러한 마케팅은 고객을 철저하게 주인공으로 만들어 고객이 직접 홍보하게 하는 방식입니다. 펠로톤의 TV 광고에도 이러한 전략이 잘 드러납니다.

한편, 펠로톤은 요즘의 젠더 감성에 맞지 않는 광고를 만들어 여론의 뭇매를 맞기도 했습니다. 2019년 유튜브에 올린 크리스마스 광고 '보답하는 선물The Gift That Gives Back' 편은 남편이 아내에게 자전거를 사주고 1년 뒤 변화된 모습을 찍어 남편에게 보여준다는 광고였습니다. 특히 밀레니얼 세대는 이런 광고 내용 자체가 남성이 여성의 몸을 통제하는 것이라며 강하게 비판했고, 이 광고를 올린 하루 사이 펠로톤의 시장가치 약 9%에 해당하는 1조 1,100억 원이 사라졌습니다.

펠로톤이 구사하는 임파워먼트Empowerment 마케팅은 고객에게 브랜드에 대한 적극적인 권한을 실어줘 고객이 자연스럽게 홍보 대사가 될 수 있도록 유도하는 방법입니다. 쉽게 말하면 긍정적인 브랜드 경험과 입소문이라고 할 수 있습니다.

브랜드 임파워먼트에서 한발 더 나아간 것이 브랜드 이밴절리스트Brand Evangelist를 발굴하는 일입니다. 영어 단어 '이밴절리스트'는 복음을 전파하는 사람들이라는 뜻으로, 브랜드의 열성 팬, 열성 전파자라고 생각하면 됩니다.

압도적인 필링 두께 크림빵, 두 달 기다려 먹는 떡볶이

임파워먼트 마케팅, 이밴절리스트 마케팅은 국내에서도 사례를 찾아볼 수 있습니다. 크림빵, 떡볶이처럼 어디서든 흔히 접할 수 있는 평범한 간식이라도 압도적으로 우수한 품질과 특성으로 차별점이 분명하다면 고객들 스스로 입소문을 내며 전파하게 마련입니다.

편의점에서 직접 기획하고 출시한 PB 제품인 '연세크림빵'은 입사 8개월 차이던 Z세대 MD가 전국 빵집을 돌아다니며 기획했다고 합니다. 연세크림빵은 특히 타의 추종을 불허하는 압도적인 두께의 크림 필링으로 유명한데, 이와 관련된 영상들이 유튜브와 SNS에서 큰 화제를 불러일으켰습니다. 빵을 반으로 갈라 필링의 두께를 보여주는 '반갈샷' 이미지로 터질 듯한 크림의 양을 입증하는 사진이 유행했고, 실제 이 크림빵을 맛본 수많은 사람이 직접 '반갈샷'을 올리며 인증 대열에 합류해 연세크림빵의 홍보 대사를 자처하는 트렌드가 생겨났습니다.

경기도 파주에 생산처를 두고 있는 '사과떡볶이'도 연세크림빵과 비슷한 양상으로 인기를 얻고 있는 브랜드입니다. 스타필드 팝업 스토어 외에는 오직 네이버쇼핑으로만 주문받고 배송하는 이 떡볶이는 평균 두 달 전에 주문해야 받아볼 수 있을 정도로 큰 인기를 얻고 있습니다. 주문 페이지에 판매 완료된 일정이 표기되는데, 대체로 두 달 정도 일정은 품절로 떠 있습니다. 대체 어떤 떡볶이이기에 두세 달을 기다려야 먹을 수 있는지 호기심을 불러일으켜 수요가 더 많아지고 유튜브와 SNS에도 후기가 속속 올리옵니다.

사과떡볶이는 소자본 창업이지만 4년 만에 네이버 1위, 누적 판매 100만 개, 누적 리뷰 10만 개를 달성할 정도로 큰 성공을 거두었습니다. 전 제품을 수제로 생산하기 때문에 하루에 만들 수 있는 양이 정해져 있습니다. 상품은 밀떡볶이, 어묵떡볶이, 쌀떡볶이 등 비교적 종류가 단순하고, 맛은 '달콤, 매콤, 신콤' 등 세 단계로 나뉘어 아이들부터 어른들까지 모두 즐길 수 있습니다.

무엇보다도 사과떡볶이의 인기는 기본에 충실한 맛에서 비롯됩니다. 인공 조미료를 전혀 넣지 않고 멸치와 다시마로 감칠맛을 내기 때문에 많은 후기에서 지나치게 자극적이지 않으면서도 부족한 부분 없이 깔끔하고 자연스러워 질리지 않는다는 평이 주를 이룹니다. 이러한 믿음직한 품질 덕분에 많은 사람이 관심을 갖고 직접 입소문을 내며 주문 대열에 합류하고 있습니다.

사람의 온기를
느끼게 하라

미국은 상당수의 물건이 전자 상거래 업체 아마존에서 거래되고, 아마존의 판매 순위가 상품의 유통량과 인기를 가늠하는 척도가 됩니다. 그런데 고객에게 진심을 보여주는 브랜드 감수성에 적극 투자하여 아마존을 이긴 쇼핑몰 브랜드가 있습니다. 바로 '추이Chewy'입니다.

추이는 아마존에 진출하지 않고도 동종 업계의 아마존 1위 제품보다 더 높은 판매량을 기록한 애견 사료 및 애견 용품 전문 쇼핑몰입니다. 2022년에는 97억 8,000만 달러(약 12조 5,000억 원)의 매출을 올렸고, 매년 두 자릿수 성장을 이어오고 있습니다. 2019년 기업공개IPO 공모가가 주당 22달러(약 2만 9,000원)였는데 나스닥 상장 첫날에는 33.7달러(약 4만 4,000원)

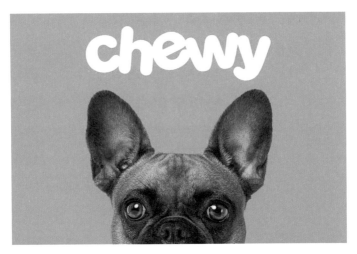

반려견과 반려묘의 초상화를 그려 보내주는 추이의 무료 서비스는
고객 감동 포인트 중 하나다.

를 기록했습니다. 특히 코로나가 극심하던 2021~2022년에는 25%에 가까운 연간 성장률을 이루었습니다.

추이의 사업보고서에는 재미있는 표현이 있습니다. 고객과의 모든 접점에서 '와우 포인트', 즉 감동 포인트를 만들기 위해 노력한다는 내용입니다. 코로나 팬데믹 당시에는 재택근무 등으로 집에 고립된 많은 사람에게 따뜻한 위로와 연대, 공감을 전했습니다. 또한 추이의 직원들과 고객은 강아지를 사랑한다는 공통점으로 똘똘 뭉쳐 있습니다. 모든 직원은 고객과 정서적 공감대를 형성하는 것을 가장 중요하게 생각하며, 회사는 애견에 대한 전문적인 지식을 갖추도록 직원들을 교육하는 데 많은 투자를 합니다. 그뿐 아니라 24시간 고객 전화를 받는 상담 센터도 운영합니다. 애견 부모와 반려인 정보라는 의미의 '펫테어런츠 앤드 파트너스PETarents & Partners' 프로파일을 만들어 모든 고객의 강아지를 관리하는 자체 프로그램도 개발했습니다. 개인별, 강아지별 맞춤형 상담을 진행하기 위해서입니다.

추이는 강아지 초상화를 그려서 고객에게 깜짝 선물로 보내주기도 합니다. 단골 고객 중 무작위로 추첨해 등록된 강아지 프로필 사진과 똑같은 유화 그림을 그린 뒤 액자로 만들어 보내줍니다. 미국 전역에서 화가와 일러스트레이터를 고용해 수천 반려견과 반려묘의 초상화를 그려 무료로 보내주는 이 서비스는 고객들에게 감동을 선사했습니다. 트위터에서도 강아지 초상화 선물을 받고 감동한 고객의 사연이 회자되고 있습니다.

추이의 고객 감동 사연은 또 있습니다. 어느 고객이 주문한 강아지 사료 배송을 기다리던 중 반려견을 떠나보내게 되었습니다. 고객은 고객 센터에 전화해 이 제품을 어떻게 하면 좋을지 물어보았고, 상담원은 반려견을 멀리 보낸 고객의 마음을 따뜻하게 위로하며 해당 사료는 주변 유기견 센터에 기부할 것을 조심스럽게 권했습니다. 그리고 추이는 그날 그 고객과 통화한 상담원의 이름이 적힌 카드 메시지와 함께 애도의 꽃다발을 보냈습니다.

이런 감동 서비스 덕분에 추이의 신규 고객은 2020년에만 570만 명이 늘었습니다. 2020년부터 코로나 팬데믹으로 인한 재택근무가 늘면서 사람들이 집에서 강아지와 보내는 시간이 많아졌습니다. 예전처럼 사람들과 자주 교류하기 어려운 상황에서 애견 입양이 급증했고, 애견 온라인 시장 또한 2020년 한 해 매출이 50억 달러(약 6조 3,900억 원)에 육박할 정도로 성장했습니다.

당시 미국에서 택배가 일주일 정도 걸리는 상황이었는데, 추이는 전략적으로 물류 센터를 대폭 강화해 빠른 항공편으로 애견 사료와 애견 용품을 배송하는 등 과감한 투자를 진행했습니다. 또한 수의사 서비스인 펫 헬스Pet Health를 론칭하여 고객이 온라인으로 강아지 진료를 받은 후 근처 약국에서 약을 수령할 수 있게 했습니다.

기술이 발전할수록 중요해지는 휴먼 터치

현대인은 키오스크, 플랫폼 등 기술의 발전과 함께 빠르고 편리하게 언택트 시대를 즐기지만, 한편으로는 사람 냄새를 그리워합니다. 중고 물품 플랫폼인 당근마켓 또한 기존의 중고 상품 거래 시장에 론칭한 것인데, 사람들과 소통하며 따뜻함을 나누고 싶어 하는 마음을 자극하면서 많은 사람이 모이고 있습니다.

프랑스의 대형 마트 '까르푸Carrefour'에서는 '블라블라 계산대Caisse Blabla'라는 수다 전용 계산대를 운영하고 있습니다. 천천히 수다를 늘어놓으며 계산하는 느린 계산대인데, 사람들은 줄을 서서 이곳으로 갑니다. 수다 시간에 제한이 없고 앞사람의 수다를 끊지 않는 것이 규칙이니 줄서는 시간은 길어질 수밖에 없습니다. 하지만 기다림을 마다히지 않고 수다 전용 계산대를 이용하는 이유는 계산원과 소소한 이야기를 나눌 수 있고 때로는 앞사람의 작은 일상을 공유할 수 있어서입니다. 누군가와 소통하며 공감하고 싶고 작고 가벼운 휴먼 터치가 그리운 현대인의 심리를 잘 공략한 사례입니다. 수다 전용 계산대에서 일하는 한 점원은 어느 매체 인터뷰에서 이렇게 말했습니다.

"출근해서 사람들과 이야기 나누는 것이 즐겁습니다. 시간이 어떻게 가는지 모르겠어요. 사람들이 행복해하는 모습을 보면 기분이 좋습니다."

쉽고 정감 가는 말투를 만드는 직업

UX라이터는 공감 가는 표현으로 유저 인터페이스를 만드는 사람입니다. 카피라이터가 광고 카피를 쓰는 사람이라면 UX라이터는 애플리케이션에서 보이는 모든 텍스트를 쓰는 신종 '카피라이터'인 셈입니다.

사실 글쓰기 기술은 인공지능 서비스 '챗GPTChatGPT'를 보면 알 수 있듯이 논문 수준의 글을 단번에 뽑아낼 수 있을 정도로 발전했습니다. 인공지능이 뉴스 기사도 쓰고, 소설도 쓰고, 유명한 명화를 모사하여 그림까지 그려냅니다. 게다가 인공지능의 글쓰기 수준이 그저 인간을 흉내 내는 정도가 아니라 그 안에 인격체가 있는 것처럼 다양한 페르소나를 반영하고 변주할 만큼 뛰어나 큰 화제를 불러일으키기도 했습니다.

그렇다면 과연 사람처럼 말하는 것이란 어떤 걸까요? 무엇보다도 인간의 심리를 제대로 파악하고 그 마음을 알아주는 친구 같은 느낌이어야 할 것입니다.

인터넷 전문 은행인 '토스뱅크Toss Bank'는 서비스 제공 시 고객을 따뜻한 친구처럼 대합니다. 생일을 맞이한 고객에게 '고객님의 생일을 축하합니다'라는 깍듯하고 정중한 인사 대신 '김토스 님의 소원이 모두 이뤄지길! 행복한 생일 보내세요'라며 가볍고 다정한 인사를 보냅니다. 토스뱅크 홈페이지의 고객 센터에 '자주 묻는 질문' 코너가 있는데, 금융 상품이나 지식과 관련해 복잡하고 어려운 설명을 할 때도 다음과 같이 친근한 표현으로 정보를 전달합니다.

토스뱅크가 생일을 맞은 고객에게 보내는 인사 메시지에는
인간적이고 정서적인 온기가 담겨 있다.

Q. 실업급여 저도 받을 수 있나요?

A. 고용보험에 가입한 사람이 직장을 잃으면 다시 취업할 때까지 일정
금액의 돈을 지원해주는 제도예요. 일자리를 잃었기 때문에 위로금
을 주는 건 아니고요. 일자리를 잃으면서 불안정해진 생계를 안정화
하고 재취업에 도움이 되도록 지원하기 위해 만들어졌어요.

신용 점수가 올라가면 토스에서는 올라간 신용 점수 표시 옆에 발급 가능
한 신용카드의 최대한도를 조회할 수 있는 기능을 띄웁니다. 이 버튼을 누

르면 '고객님 대신 제가 카드사에 다녀오겠습니다'라는 문구와 함께 신용 조회가 시작되고 기다림의 시간이 찾아옵니다.

이때 문득 '이 조회 때문에 신용 등급에 영향이 있으면 어떻게 하지?' 혹은 '내가 쓸데없는 일을 한 거 아닌가?' 하며 고민에 빠지게 됩니다. 그러면 안심하라는 듯 '고객님, 이 조회는 신용 등급에 아무런 영향을 주지 않아요'라는 안내와 함께 '잠시만 기다려주세요', '신용 조회 알람이 가도 놀라지 마세요'라는 문구가 나타납니다. 고객 중심의 UX 카피와 금융 서비스를 이용하는 마음을 헤아리는 섬세한 서비스가 아닐 수 없습니다. 신용 조회가 발생했다는 문자를 받으면 누구든 놀라지 않을 재간이 없는데 안심이 됩니다.

잠시 후 화면에는 친절하게도 내가 발급받으면 책정될 최대치의 한도가 보입니다. 카드가 없다면 당장 하나쯤 발급받고 싶게 가입 보너스 10만 원도 함께 말입니다.

자칫 건조하고 어려울 수 있는 금융과 제도 관련 내용을 마치 친구의 고민을 들어주듯 쉽고 친근감 있게 설명해주는 코너도 눈에 띕니다. 이용자들이 직접 겪은 불편한 상황이나 궁금한 내용을 간단하게 입력하면 정리된 답변이 올라옵니다.

이 서비스에 주로 참여하는 UX라이터User eXperience Writer는 사용자 이용 경험이 쉬워지도록 글을 쓰는 사람입니다. 토스의 UX라이팅UX Writing은 사용자가 더 좋은 마음을 가질 수 있도록 노력하고 있습니다.

서비스를 이용하는 사람과 이것을 만드는 개발자 양측 사이에서 서로 이

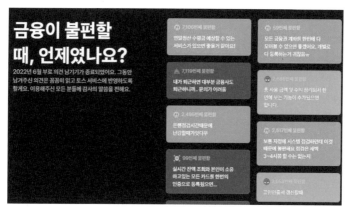

건조하고 어려울 수 있는 금융 관련 내용을 친구의 고민을 들어주듯
쉽고 친근감 있게 설명해주는 서비스가 눈에 띄는 토스뱅크.

해할 수 있도록 쉬운 언어로 표현해주는 것이 UX라이팅이라고 할 수 있습니다.

구글Google의 어느 UX라이터는 무조건 데이터를 살펴본다고 합니다. 데이터는 사용자의 이용 패턴이나 숨은 니즈를 알려주기 때문입니다. 데이터나 설문 조사 결과가 없으면 우선 관찰하거나 몇 명을 집중적으로 인터뷰합니다. 그런 다음 그 서비스를 기획하고 개발하는 동료들의 이야기를 듣는 데 집중합니다.

UX라이팅에서 가장 중요한 것은 '나의 에고', '나의 라이프 스타일', '나의 평소 말 습관'보다는 이 서비스의 페르소나로 일관된 언어를 사용해야 한다는 점입니다.

고객의 안부를 묻는 캠페인

매일유업의 '우유 안부' 캠페인은 우유 배달을 통해 혼자 사는 노인들을 사회적으로 함께 돌보며 지키는 선순환적 시스템을 만들고, 이를 기부 활동으로 확장한 착한 마케팅 캠페인입니다. 독거노인의 안부를 묻는 우유 배달 정기 후원과 기부 참여를 받고, 유당이 없어 소화가 잘되는 락토 프리 우유를 무료로 배달합니다. 혹시 현관 앞에 걸어둔 우유가 그대로 있으면 문제가 생겼는지 점검하고, 만에 하나 어떤 일이 발생하면 빠르게 지원할 수 있는 시스템을 구축했습니다.

사회적 연대 없이 고독사하는 안타까운 사연을 뉴스에서 종종 접하게 되는데, 매일유업의 안부 캠페인은 누구나 간편하게 참여할 수 있는 기부 캠페인입니다. '소화가 잘되는 우유'라는 브랜드명과 제품 콘셉트를 '어르신들을 위한 따뜻한 안부'라는

독거노인의 안부를 살피는 매일유업의 우유 안부 캠페인.

마케팅 캠페인과 결합해 고객들의 호응을 이끌어낸 이 캠페인은 칸국제광고제에서 은사자상을 수상하기도 했습니다.

한국의 정, 밥심에 몰린 팬덤

한국 유학생 3명이 미국 유타주에서 창업해 크게 성공을 거둔 '컵밥Cupbop'이라는 브랜드가 있습니다. 노량진 컵밥 시스템을 미국 푸드 트럭에 적용해 미국인 입맛에 맞춘 것으로, 퓨전 스타일이 아닌 불고기, 잡채 등 오리지널 한국식 컵밥 메뉴 그대로 미국에서 판매한 것입니다. 한식의 건강한 식재료와 독특한 소스류가 인기를 끌며 창업 3년 만에 연 매출 70억 원을 달성했습니다. 현재는 미국 전역에 매장과 푸드 트럭을 운영하며 연 매출 300억 원 이상 규모로 크게 성장했습니다.《미국에서 컵밥 파는 남자》를 펴내기도 했습니다.

이들이 잘한 것은 바로 소통입니다. 한국의 '정情' 문화를 컵밥 푸드 트럭에서 다양한 국적의 사람들과 소통하며 나누었습니다. 설명하기 어렵고 번역하기도 쉽지 않은 이 정서를 미국 시장에 어떻게 전달할 수 있었을까요? 한식을 많이 접해보지 못한 그들에게는 다소 낯설 수 있는 컵밥이라는 메뉴를 고객들이 좋아하고 익숙하게 느끼는 방식으로 전달하기 위해 신경을 많이 썼습니다. 예를 들어 30초 안에 메뉴를 빠르게 서빙하는 방식, '덤'이라고 해서 추가로 음식을 더 제공하기, 큰 목소리로 흥을 돋우며 즐겁게 손님들과 소통하는 방식 등입니다.

차츰 미국에서 노량진 컵밥 문화에 열광하는 팬덤이 생겨나기 시작했습니다. 컵밥은 단골 고객을 대상으로 매년 한국식 운동회도 열고 있습니다. 매년 10월 1일 K-운동회인 '밥심 BOBSIM'을 개최해 수백 명이 참가한 가운데 한국 전통 놀이를 함께 하는 프로모션을 진행합니다. 무궁화꽃이피었습니다, 줄다리기, 단체줄넘기, 홀라후프, 보물찾기, 이어달리기 등 한국 초등학교 운동회에서 흔히 볼 수 있는 놀이와 스포츠 게임을 함께 합니다. 마침 넷플릭스 오리지널 드라마 〈오징어게임〉이 전 세계적으로 흥행하면서 한국식 놀이 문화와 소풍 문화를 즐기는 밥심 프로모션에 많은 고객이 참가하고 있습니다.

밥심 운동회의 백미는 점심 도시락입니다. 고객들은 실컷 뛰어놀다 컵밥의 도시락 메뉴를 먹습니다. 게다가 굿즈 상품까지 제공합니다. 한국 기업들과 협업해 빼빼로, 밀키스, 바나나우유, 붕어싸만코 같은 한국의 유명 제품과 화장품, 마스크팩 등을 참석자들에게 나누어 줍니다. 이처럼 고객들이 즐거운 한국식 K-운동회에 참여해 따뜻한 컵밥 문화에 스며들도록 유도합니다.

이렇듯 주요 고객층으로 인식되지 않던 사람들을 대상으로 시장을 확대하는 것이야말로 파괴적 혁신을 이루는 효과적인

컵밥은 빠른 서빙, 무료 덤 제공, 전통 놀이 프로모션 등
한국식 정서를 활용해 미국에서 성공했다.

마켓팅 방법입니다. 광고와 마케팅 효과를 높이기 위해 타깃 고객에게 집중했다면, 시장을 확대하기 위해서는 비주류 고객에게 눈을 돌려야 합니다. 이는 아주 낯선 이들을 우리의 소비자로 끌어들인다는 의미가 아닙니다. 기존 고객 중 주력 고객이 아니었거나 주요 타깃에서 멀어진 고객을 심폐 소생술로 되살린다는 뜻입니다. 기존의 주력 시장이 성장해 포화 상태가 되었다면 경쟁을 피해 새로운 고객을 초대할 필요가 있습니다.

커뮤니티와 연대를 강화한 우리 동네 '리틀 포레스트'

'무엇을 먹는가? 어떻게 먹는가? 누구와 먹는가?'

이 3가지 질문은 어떻게 살고 있으며, 무엇을 위해 살고 있는지 묻는 것과 같습니다. 결국 인간은 행복하고 의미 있게 하루를 채워나가고 싶은 존재이기에, 음식이란 그 하루를 구성하는 가장 중요한 키워드 중 하나일 것입니다.

'농부시장 마르쉐'는 농부, 요리사, 수공예가 등이 모인 커뮤니티입니다. 프랑스어로 마르셰Marché는 장터, 시장이라는 뜻입니다. 2012년 대학로 혜화동에서 열린 마켓을 시작으로 지금까지 '농부시장@혜화', '채소시장@서교', '채소시장@성수' 등의 이름으로 장터가 열렸는데, 지역 이름이나 의미에 따라 다양한 시장이 열립니다.

시장이 열리면 800~1,000명이 다녀가는 마르쉐 장터의 특징은 그 안에 '다양한 사람들의 고민과 이야기가 있다'는 것입니다. 이 장터에서 주인공은 '사람'입니다. 판매자, 직거래 소비자, 요리사, 공예가, 자원봉사자 등 다양한 사람이 모이면서 사람과 사람을 이어주는 '관계'가 만들어집니다. 마르쉐의 농부팀은 토종 벼와 콩, 팥, 옥수수, 고구마, 감자, 호박 등 유기농 공법을 연구하며 키워낸 농작물을 내놓습니다. 그러다 프랑스 품종인 칸탈로프멜론이 시장에 나오면 요리팀이 칸탈로프멜론에 프로슈토 햄을 올려 와인과 함께 장터에 내놓습니다.

농부시장 마르쉐는 처음에 텃밭을 일구는 40여 명의 농부가 의기투합하여 만든 장터였지만 지금은 전국에서 모여든 다양한 '모던 파머'들이 참가하는 연결의 장으로 성장했습니다. 요리팀은 건강한 식재료를 이용해 잼, 발효 식품, 빵, 쿠키, 샌드위치 등 다양한 먹거리와 마실거리를 만들어 참여합니다. 또한 수공예팀은 투박하면서도 자연 친화적인 예쁜 수공예품을 들고 장터에 참가합니다.

마르쉐에 참가하려면 신청 후 소정의 심사를 거쳐야 합니다. 심사를 통과해 자격을 얻으면 마르쉐 홈페이지에 연락처와 간단한 정보를 올립니다. 소비자들이 모든 마르쉐 회원과 직거래할 수 있도록 하기 위해서입니다. 이렇게 어쩌다 한 번 열리는 장터가 아니라 모든 사람에게 참여의 기회를 열어놓고 지속적

농부시장 마르쉐는 소규모 농부 커뮤니티로 시작해
지금은 전국의 모던 파머들이 참가하는 연결의 장으로 성장했다.

으로 성장할 수 있는 한국식 개방형 파머스마켓 플랫폼이 구축되었습니다.

마르쉐에는 별도의 운영팀이 있습니다. 이들은 농사를 배우고 수확하는 일이나 시장을 열고 운영하는 것 외에도 함께 책을 내거나 셰프, 기관 단체, 브랜드와 협업을 기획하기도 합니다. 수익을 나누거나 집을 짓는 데 서로 도움을 주기도 합니다. 세계 여러 도시의 농부들이 만나 교류하는 다양한 포럼, 모임, 행사에도 참여합니다. 이제는 하나의 직업을 넘어 새로운 공동체 문화와 지역 커뮤니티를 구축하고 있습니다.

마르쉐는 직접 키운 제철 채소를 주제로 3명의 셰프(한식당 '밍글스'의 강민구, '주옥'의 신창호, 양식당 '오프레'의 이지원)와 협업 중이며, 인스타그램이나 웹사이트를 통해 젊은 층과 나누는 커뮤니케이션과 마케팅에도 적극적입니다. 이미 마르쉐라는 브랜드를 잘 안착시켰지만 이에 안주하지 않고 끊임없이 사람들과 소통하고자 합니다. 외부와의 소통은 플랫폼을 지속적으로 확장시키는 원동력이 되기 때문입니다.

따뜻한 마음으로 공감할 수 있는 문화

미국 밀레니얼 세대들에게 사랑받는 또 하나의 브랜드가 있습니다. '더치 브로스 커피Dutch Bros Coffee'라는 카페입니다. 좌석이 따로 없고 드라이브스루로만 운영하는 곳입니다. 이곳의 특징은 '브로이스트Bro-ist'라는 카페 직원들의 공감력과 에너지입니다. 차창 너머로 메뉴를 고르고 소소한 대화를 나누면서 에너지와 긍정적인 삶의 기운을 주고받습니다. 더치 브로스 커피에는 공식 메뉴판에 없는 '시크릿 메뉴'가 많은데, 이는 고객들이 조합해 만든 레시피를 기본으로 합니다(고객들이 그 많은 시크릿 메뉴를 외우고 그걸 찾아서 주문하는 것도 매우 신기한 일입니다). 이 시크릿 메뉴를 바탕으로 또 다른 음료가 탄생하기도 합니다.

브로이스트 면접은 격의 없고 편안한 형태로 진행됩니다. 일상적인 분위기에서 친근하게 몇 가지 질문을 하고 함께할 브로이스트를 뽑습니다. 직업에 대한 진지한 고민을 묻기도 하지만 '슈퍼 피워를 가진다면 무엇이 되고 싶고, 뭘 하고 싶나요?', '무인도에 딱 3가지만 가져간다면 뭘 가져가고 싶은가요?', '최근에 본 드라마, 영화, TV 프로그램 중 추천하고 싶은 건 무엇인가요?' 등등 재미있는 질문을 툭툭 던지기도 합니다.

코로나 팬데믹을 거치며 사람들은 3년 이상 폐쇄되고 단절된 공간에서 마스크를 착용하고 대화를 멀리하며 사람을 피하는 일상을 살았습니다. 모두들 이런 일상이 이렇게 오랫동안 계속될지 몰랐고 당황했지만, 더 놀라운 것은 일상을 회복하는 빠른 속도가 아닌가 싶습니다. 어려운 환경에서도 따뜻함을 유

더치 브로스 커피의 직원인 브로이스트는
뛰어난 공감력과 에너지로 고객 서비스에 최선을 다한다.

지하는 힘의 원천인 인간다움은 여전히 강력한 비즈니스 모델
이기도 합니다.

　더치 브로스 커피의 브로이스트는 직원으로 일하며 3년이
지나면 매장을 차릴 자격이 주어집니다. 인테리어를 비롯해 투
자 규모가 큰 것은 본사에서 지원해주고, 커피 장비 등 상대적
으로 적은 비용이 들어가는 내부 투자는 본인이 부담해 비교적
수월하게 독립할 수 있습니다. 브랜드는 유무형의 자산이자 정
체성인데, 브로이스트가 매장을 운영하면 그 유무형의 자산 및
정체성이 일관되게 유지되는 장점이 있습니다.

한번 잡은 고객은
절대 놓치지 않는다

'쿠팡Coupang'의 오랜 적자는 의도된 것으로 잘 알려져 있습니다. 쿠팡이 손익분기점을 넘기기 전까지는 그 의도된 적자가 결실을 서둘 수 있을지 빈신반의히는 사람도 많았지만, 결국 2022년 쿠팡은 흑자 전환에 성공했습니다.

쿠팡의 의도된 적자와 계산된 흑자 전환 정책 뒤에는 '로켓배송'과 확실하고 강력한 반품 정책이 있었습니다. 쿠팡은 처음에 월 2,900원이면 '와우회원'이 될 수 있고, 이 회원들에게는 밤 10시 전 주문한 상품을 새벽에 바로 배송하는 정책을 펼쳤습니다. 생필품, 아이들 학교 준비물, 옷, 가전제품 등을 쇼핑하러 갈 시간이 없는 사람들을 위한 로켓배송 서비스는 한번 들어가면 빠져나오기 어렵습니다.

게다가 반품하고 싶을 때는 거의 '묻지 마 반품'에 가까울 정도로 그 과정이 매우 간단합니다. 특히 신선 식품은 고객이 애플리케이션에서 버튼을 누르기만 하면 즉각적으로 반품 및 환불 처리가 진행됩니다. 중간에 상담원이 반품 여부를 체크하는 과정도 없이 바로 알고리즘으로 처리하도록 했습니다.

바쁜 현대인들에게는 '이 정도로 반품을 받아줄까?', '반품 사유를 무엇이라고 적을까?', '판매자에게 어떻게 항의해야 할까?', '반품 처리가 잘 되었나?', '환불이 완료되었나?' 등을 시시각각 신경 쓰는 것 자체가 큰 스트레스입니다. 그것도 매일같이 여러 건의 주문을 하고 택배 배송 상자를 뜯고 거기서 모든 일상을 채워야 한다면 그 반복되는 반품과 환불 과정은 소액이라도 고객에게는 매우 피곤한 일입니다.

쿠팡은 바로 그 스트레스를 믿고 확실하게 언제든지 반품할 수 있게 해주면서 고객과 강력한 신뢰의 끈을 형성했습니다. 특히 농수산물이나 신선 제품은 반품·회수 과정을 거치지 않습니다. 예를 들어 '바나나가 덜 익었어요'라는 것은 보내는 사람과 받는 사람의 입장에 따라 달라질 수 있는 복잡하고 주관적인 상황이라 분쟁이 있을 수밖에 없습니다. 그래서 쿠팡은 고객이 '덜 익었어요'라는 식의 간단한 사유를 입력한 후 반품 버튼을 누르면 '고객님이 폐기해주세요'라는 안내문을 보낼 뿐 바나나를 회수하지 않습니다.

이처럼 반품과 환불 과정이 간단하니 물건을 고르고 구매 결정을 내리는 것도 상대적으로 덜 신중하게 하고 제품 구매도 더 많이 하게 됩니다. 물론 이를 악용하는 고객도 많습니다. 하지만 쿠팡은 전체적으로 손익 모델을 계산해 고객과 끈끈한 믿음의 벨트를 만드는 것에 우선순위를 두었습니다. 그렇게 고객의 일상에 파고들어 일생을 강력한 쿠팡의 세계에 잡아두겠다는 전략인 것입니다.

와우회원 멤버십 가격을 3년 만에 약 2,000원이 오른 4,990원으로 책정할 수 있던 자신감은 많은 활성 이용자 수에서 비롯됐습니다. 와우회원 멤버십 가격 인상 전 조사한 모바일인덱스 자료에 따르면 월 활성 이용자 수는 약 2,606만 명으로, 2위인 '11번가'의 1,013만 명보다 훨씬 더 많은 것으로 나타났습니다. 멤버십 가격 인상 후에도 상대적으로 고객 이탈률이 낮았던 것은 이미 쿠팡이 점령한 일상의 편의를 포기할 정도로 월 2,000원이 그리 큰 금액이 아니었기 때문입니다.

데이터 분석을 통한 록인 효과

이를 록인 효과Lock-in Effect 혹은 자물쇠 효과라고 합니다. 소비자가 일단 어떤 상품과 서비스를 이용하기 시작하면 다른 유사한 상품 또는 서비스로 쉽게 옮기지 못하는 현상을 의미합니다.

새벽 배송으로 성공한 '마켓컬리Market Kurly'도 이러한 록인 효과를 노린 마케팅 캠페인을 오랫동안 펼치고 있습니다. 마켓컬리는 회원 가입 후 첫 구매 시 단돈 100원에 매력적인 상품을 제공합니다. 1만~2만 원대의 유명 제품을 단돈 100원에 받으려면 일단 회원 가입을 해야 합니다. 쇼핑 애플리케이션에서 회원 가입을 하는 행위는 고객 입장에서는 일종의 집중과 의지가 필요한 과정입니다. 일단 회원 가입을 하고 100원 상품을 주문한 뒤 배송받으려고 하면 택배비 때문에라도 다른 상품들을 함께 구매할 것을 고려하게 됩니다. 또한 일단 제품을 배송받고 나면 마켓컬리만의 장점을 경험했기에 이를 반복하고자 하는 마음이 생깁니다. 그 뒤로는 각종 쇼핑 정보를 지속적으로 받으면서 애플리케이션에서 편하게 주문하게 됩니다.

식품 배송 서비스 업계에 혜성처럼 나타난 브랜드 마켓컬리는 매출 2조 원을 넘겼고 IPO 상장을 준비하고 있습니다. 온라인 식품 유통에서 '샛별배송'이라는 파격적인 서비스를 내세워 급성장한 마켓컬리는 론칭 초기 '강남맘들의 필수 애플리케이션'으로 불렸습니다.

마켓컬리는 주제별로 계속 기획하고 끊임없이 다양한 상품을 제안합니다. 해외에서는 구하기 쉽지만 한국에서는 구하기 어려운 외국 식자재, 레스토랑에서 먹어봤지만 직접 요리해보지 못한 식자재, 건강을 위해 조금 비싸더라도 더 잘 챙겨 먹고 싶은 식자재 등 마켓컬리의 상품 구성력은 눈에 뜁니다. 또한 제품 구성이나 배송 속도, 디자인 완성도, 스토리텔링, 브랜드 측면에서 대기업보다 단연 돋보입니다. 특히 샛별배송 시스템은 감동적일 정도로 정확하고 빠르며 포장도 완벽합니다.

주문할 때 아파트 공동 현관 비밀번호를 알려주면 모두가 자고 있는 새벽에 조용히 문앞에 두고 비밀번호를 바로 폐기하는 시스템입니다. 대부분 아파트 경비원들도 밤12시부터는 법정 휴식 시간이지만, 마켓컬리의 샛별배송을 위한 물류팀은 마스코트 보라색 부엉이처럼 밤과 낮이 바뀌어 돌아간다고 합니다. 배송팀의 공식 이름은 '라스트마일Last Mile'입니다. 마지막까지 배송을 책임진다는 뜻입니다.

쇼핑몰 물류 시스템을 미리 시입해두지 않으면 밤 11시까지 주문받은 제품을 다음 날 새벽에 배송하는 일은 불가능합니다. 그래서 마켓컬리는 제품을 미리 사입해서 자체 물류 창고에 보관해두는 방식을 택했고, 덕분에 서울·경기·인천 지역은 12시간 안에 포장과 배송 완료가 가능합니다.

유제품, 과일, 유기농 채소, 가공식품 등 유통기한이 비교적 짧은 제품들을 미리 사입해서 보관하다보면 제품 폐기 가능성이 큰 편이지만, 이를 감수하고 있습니다. 샛별배송이 이루어지기 위해서는 정확한 데이터 분석이 필요한데 마켓컬리는 데이터 관리팀에서 수요를 예측하여 되도록 정확한 물량을 미리 계산하여 사입하는 방식을 쓴다고 합니다.

기업 입장에서는 재고를 남기지 않기 위하여 주문 후 사입하는 시스템을 택할 수도 있는데, 고객이 신선한 제품을 빨리 받을 수 있도록 배려하여 긍정적인 구매 경험 → 재구매 → 데이터의 확대 → 물류 확대 → 예측 정확도 증가 등으로 선순환이 이루어지도록 한 것입니다.

마켓컬리는 백화점 식품관이나 대기업에서 탐을 낼 만한 아이템을 자주 소개하기도 합니다. 여러 매체에 소개된 더파머스 김슬아 대표의 인터뷰를 보면, 평소 미식에 관심과 열정이 많았고 오랜 해외 거주 경험으로 국내에는 아직 덜 소개된 양질의 식재료와 유기농 제품들을 잘 선정하는 것 같습니다. 또한 머천다이징팀은 전국 방방곡곡을 돌며 좋은 식재료를 계속 찾는다고 합니다.

한편, 마켓컬리는 자체적으로 브랜딩한 화장품을 판매하는 '뷰티컬리'를 론칭하며 버티컬 확장을 시도했는데, 이는 같은 고객을 대상으로 식료품이 아닌 또 다른 제품을 제안한 것입니다. 여성 고객이 많은 마켓컬리 특성상 화장품 판매도 동일한 물류 체인으로 배송 가능한 점을 잘 살렸다고 할 수 있습니다.

쿠팡의 OTT 서비스인 쿠팡플레이 서비스도 기존의 와우 멤버십 회원들을 록인하기 위한 것입니다. 와우 멤버십만 유지해

'샛별배송'으로 성공한 마켓컬리는 고객을 잡아두는 록인 효과를 노린
마케팅을 지속적으로 펼치고 있다.

도 부가적으로 볼 수 있는 쿠팡플레이 콘텐츠는 더 강력한 록
인 효과를 가져옵니다. 지속적으로 스포츠 중계, 드라마, 영화,
예능 콘텐츠를 즐기기 위해서는 쿠팡 애플리케이션을 계속 이
용해야 하기 때문입니다.

록인 효과는 고착 효과라고도 하는데, 1차 상품 외에 2차 상
품까지 판매하는 애프터마켓Aftermarket에서 자주 일어나는 현
상이기도 합니다. 예를 들어, 프린터를 사면 잉크 카트리지를
지속적으로 구매하고, 커피 캡슐 머신을 산 뒤 커피 캡슐을 지
속적으로 구입하는 식입니다.

스타벅스도 마찬가지입니다. 사이렌 오더가 가능한 멤버십

카드 스타벅스 e카드 애플리케이션 서비스도 강력한 록인 효과의 예가 될 수 있습니다. 1만 원대부터 충전할 수 있는 스타벅스 카드는 웰컴 첫 구매 무료 음료 쿠폰, 생일 축하 무료 음료 쿠폰, 스타벅스 리저브 원두 구매 시 아메리카를 한 잔 더 제공하는 서비스, 30잔 구매 시 무료 음료 한 잔 제공 등으로 록인 효과를 지속합니다.

특히 연말이면 프리퀀시라는 이벤트로 시즌 한정 음료를 실험적으로 출시하고 이 제품을 포함하여 음료를 구입할 경우 다이어리와 여행 가방 등의 굿즈를 비교적 저렴한 가격으로 제공하거나 사은품으로 증정합니다. 사실 비슷한 사양의 여행 가방이나 다른 굿즈 상품을 그냥 구매하는 것이 음료 구매 필요조건을 채우는 것보다 돈이 덜 들기도 합니다. 하지만 스타벅스 멤버십 서비스, 스타벅스 로고가 새겨진 한정판 굿즈 상품 프로모션은 브랜드 충성도가 높은 고객에게 그 안에서 놀 수 있는 재미와 만족 요소를 제공하는 효과를 줍니다.

직원 개개인의 자부심에서 시작되는 브랜딩

대기업이나 스타트업 회사의 직원 복지 중 건물 내에 과자와 간단한 음식을 비치해놓는 서비스가 있습니다. 아침에 들러 커피나 샌드위치 등 간단한 요깃거리를 먹고, 업무 중 출출할 때 과자나 달달한 간식거리를 챙겨 올 수 있습니다. 업무가 늦어져 야근을 할 때도 컵라면이나 간단한 스낵을 먹을 수 있습니다. '스낵24', '스낵포' 등의 업체는 SK텔레콤, 삼성전자, LG, 현대그룹, 카카오 계열사, 토스뱅크 등 다양한 고객사를 대상으로 사내 스낵 코너를 큐레이션해주고 정기적으로 제품을 채워주는 '스낵 큐레이션 서비스'를 운영하고 있습니다. 회사가 직원들에게 제공하는 이러한 서비스는 그 자체로 회사의 브랜딩이 되고, 경쟁력 있고 우수한 직원을 유치해 업무 효율성을

©스낵포

스낵포가 운영하는 사내 편의점.
내부 브랜딩이 중요한 시대, 직원들을 위해 스낵 코너를 마련하고
이를 정기적으로 관리해주는 스낵 큐레이션 서비스가 인기를 얻고 있다.

높여주는 차별화 포인트가 됩니다.

이처럼 내부 브랜딩Internal Branding이 중요한 시대입니다. 많은 사람이 일하고 싶어 하는 회사의 공통점은 직원들의 자긍심이 높고 일하는 보람이 상대적으로 크다는 것입니다.

이제는 회사 창업 스토리나 기업의 철학과 문화 자체가 하나의 강력한 홍보 프레임이자 마케팅 툴이 되는 시대입니다. 따라서 외부 홍보와 마케팅을 위한 브랜딩 이전에 직원 개개인이 자신이 속한 회사와 제품에 대해 잘 알고 자부심을 느낄 수 있도록 사내 브랜딩에 힘쓰는 것도 중요합니다.

작게는 회사 명함, 웹사이트, 직원들의 사무 공간, 외부 협력 회사나 고객들과 만나는 자리에서 보이는 브랜딩부터 크게는 직원 복지 제도, 인재 채용 원칙과 선별 과정, 기업이 이윤을 창출하고 재투자하는 방식까지 차별점이 드러나기 마련입니다. 직원 식당에 가보면 회사 분위기를 한눈에 파악할 수 있습니다. 임직원들의 표정이나 분위기가 어떤지, 회사가 임직원들을 위해 어떤 복지를 제공하는지 잘 드러나기 때문입니다.

고급 헤어드라이어, 청소기 등으로 유명한 '다이슨Dyson'의 본사는 현재 싱가포르에 있지만 예전에는 영국의 어느 작은 도시에 있었습니다. 당시 다이슨 직원 구내식당 천장에 실제로 냉전 시대에 활약한 라이트닝 전투기를 매달아둔 것이 크게 화제가 되었습니다. 구식 전투기를 걸어놓은 이유는 다이슨이 원

래 항공기 엔진을 만들던 회사라는 뿌리와 아이덴티티를 드러
내기 위해서였습니다.

3분의 1이 엔지니어 출신인 직원 모두 꾸준히 기술 혁신을
추구하고 있습니다. 그 결과 항공기 엔진에서 시작한 다이슨은
초소형 모터를 통해 먼지 봉투 없는 청소기, 날개 없는 선풍기,
가볍고 조용한 헤어드라이어 등 소형 가전 업계에서 혁신을 일
으켜왔습니다.

천장에는 라이트닝 전투기가 매달려 있지만 구내식당 의자
는 다이슨을 상징하는 색상인 마젠타 분홍 색상으로 배치했습
니다. 기술 집약적 회사지만 발상을 깨는 생활 속 혁신을 구내
식당에 브랜딩한 것입니다.

세계적인 PR그룹인 에델먼의 리처드 에델먼은 내부 브랜딩
의 중요성에 대해 다음과 같이 말했습니다.

"CEO는 직원들의 참여를 가장 잘 끌어내는 사람이어야 합
니다."

고객을 설득하기 전에 직원들부터 설득해야 한다는 그의 말
은 직원을 회사 편으로 만들고 적극적인 참여를 끌어내는 내부
브랜딩 작업이 외부 브랜딩에 앞서야 한다는 의미입니다.

8

Rebranding

오래되어서
더 좋은 친구로 거듭난다

브랜드는
숨을 쉰다

———

밀가루 브랜드 '곰표'의 팬덤은 곰표맥주 출시에서 두각을 드러냈습니다. 밀가루 전문 브랜드답게 '밀맥주' 콘셉트의 '곰표 밀맥주'를 만들었는데 2021년 편의점 판매 1위를 달성한 것입니다. 국내 편의점 30년 역사상 수제 맥주가 기성 주류 업체 브랜드를 누르고 단 이틀 만에 1위를 차지한 첫 사례로 꼽힙니다. 편의점마다 곰표맥주를 찾는 사람이 많아 품절 대란을 일으켰습니다. 이른바 없어서 못 팔 지경이던 곰표맥주는 아직도 편의점에서 꾸준히 판매되고 있습니다.

1952년에 시작된 대한제분의 '곰표 밀가루'는 71년의 역사를 지닌 브랜드입니다. 제분 업계 시장점유율 25%로 대한민국 국민 10명 중 8~9명은 알고 있을 만큼 인지도가 높습니다. 하

오랜 밀가루 브랜드 곰표의 '곰표 밀맥주'와 '곰표 패딩' 출시는
재미있는 일상의 좋은 친구 같은 브랜드라는 새로운 이미지를 만들어냈다.

지난 사람들에게 오래된 브랜드라는 것 말고는 특별한 관심을
받지 못한 채 점차 잊혀갔습니다.

대한제분은 소비자들에게 기억되는 오래된 이미지의 '곰표'
를 과감하게 바꿔보기로 했습니다. 처음에는 CGV 영화관과 함
께 협업하여 무려 20킬로그램짜리 밀가루 포대에 팝콘을 넣어
선착순으로 판매하는 이벤트를 진행했습니다. 이어 밀가루의
'흰' 이미지를 활용하여 곰표 밀가루 치약, 쿠션 팩트, 선크림,
핸드크림 등을 만들기 시작했습니다.

곰표의 리브랜딩을 많은 사람에게 알린 결정적인 계기는 바로

'곰표 패딩' 출시였습니다. 하얀색 패딩에 '곰'과 '표'라는 두 글자를 큼직하게 새긴 키치한 감성의 패딩이었습니다. 곰표만의 오래된 디자인 감성이 젊은 세대에게 '힙함'으로 다가간 것입니다.

밀가루 회사가 왜 뜬금없이 빵빵한 패딩을 만들었나 의아해하는 사람도 많았습니다. 인터뷰 기사에 의하면 곰표를 리브랜딩하기 위해 디자인 아이덴티티와 브랜드 헤리티지를 극대화하여, 브랜드 캐릭터인 북극곰의 새하얀 털과 환하게 웃는 귀여운 모습에 착안해 부피감 있는 흰색 패딩 제품을 기획한 것입니다. 곰표 패딩 인증 숏이 SNS에 올라오면서 곰표는 오래된 밀가루 브랜드에서 일상의 좋은 친구 같은 브랜드로 다시 살아났습니다.

변화된 환경에선 리브랜딩도 하나의 해법

브랜드는 론칭하는 순간부터 숨쉬기를 시작합니다. 브랜드 이해관계자는 브랜드가 살아 있는 동안 생명체를 돌보듯 끊임없이 살펴야 합니다. 고객의 취향은 매일 바뀌고, 니즈와 트렌드 역시 눈에 띄게 빠르게 변하며, 제품 간 경쟁은 무서울 정도로 치열합니다. 사라지고 잊힌 브랜드가 되지 않도록 숨쉬기를 이어가려면 리브랜딩을 통한 체질 개선을 계속해야 합니다.

브랜드의 라이프 사이클은 도입기, 성장기, 성숙기, 쇠퇴기

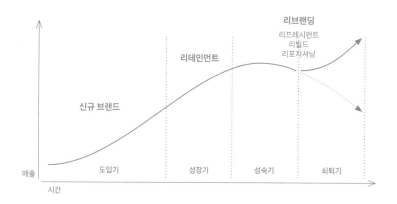

브랜드 라이프 사이클

등 4단계를 거칩니다. 한국의 근현대화 시기에 태어난 브랜드 중에는 끊임없는 변화를 통해 성숙기를 맞은 것도 있고, 젊은 세대에게는 잊히며 쇠퇴기를 거쳐 사라진 것도 있습니다. 또한 레트로, 뉴트로의 힘으로 새롭게 부활하는 브랜드도 있고, 지금 이 순간 새롭게 만들어지는 브랜드도 있습니다.

브랜드 라이프 사이클 중 성숙기에 접어들면 리브랜딩을 고민하는 것이 좋습니다. 트렌드가 자주 바뀌고 경쟁이 치열해지면서 그 주기는 훨씬 더 빨라지고 있습니다. 이렇듯 브랜드 환경이 끊임없이 변하고 있어 리브랜딩을 꾸준히 하지 않으면 뒤처지게 마련입니다.

변화된 환경에서 브랜드를 새롭게 만드는 것만이 최선의 방법은 아닙니다. 새롭게 브랜드를 만들어 소비자에게 각인시키기까지 투입해야 하는 비용과 시간을 생각한다면 기존의 브랜드를 다시 잘 살려보는 것이 더 효율적일 수 있습니다. 만약 브랜드가 소비자의 기억에 희미하게라도 자리 잡고 있다면 이는 그 브랜드 가치가 아직 살아 있다는 방증이기 때문입니다.

•브랜딩 노트•

리브랜딩, 어디서부터 시작할 것인가?

브랜드를 유지하기 위한 활동을 '브랜드 리테인먼트Brand Retainment'라고 하며, 브랜딩을 다시 정리하는 것을 '리브랜딩Rebranding'이라고 합니다. 리브랜딩에는 브랜드를 살짝 다듬는 '브랜드 리프레시먼트Brand Refreshment', 브랜드를 전체적으로 수정하는 '브랜드 리빌드Brand Rebuild', 포지셔닝을 바꿔 브랜드의 진입 시장을 새롭게 정의하는 '브랜드 리포지셔닝Brand Repositioing' 등 3가지가 있습니다.

브랜드 리프레시먼트는 브랜드 아이덴티티를 살짝 수정하거나 톤앤매너를 손보는 정도로 간단한 변화를 주는 것입니다. 브랜드 리빌드는 3~6개월 또는 그 이상의 시간을 들여 네이밍, 로고, 슬로건, 마케팅 메시지, 기업 문화 중 필요한 부분을 새롭게 정의하고 수정하는 것을 말합니다. 한편, 브랜드의 포지셔닝을 달리해 사업 영역을 확대하거나 경쟁 환경에서 우위를 다지기 위한 발판을 만드는 것을 브랜드 리포지셔닝이라고 합니다. 브랜드 콘셉트나 마케팅 캠페인의 큰 틀에서는 차이가 없지만 평상시 지속적으로 새로운 마케팅 활동을 하는 것은 리테인먼트에 해당됩니다. 브랜드 콘셉트를 더 알리고 고객 접점을 늘리기 위해 새롭게 기획해 이벤트를 했다고 하면 브랜드를 유지 관리하는 리테인먼트 활동입니다.

한편, 고객이 패키지, 로고, 상품, 마케팅 캠페인 등에서 '와, 이게 이렇게 바뀌었네' 하고 큰 변화를 느낄 정도이고 그것을 추진하기까지 3개월 이상이 걸렸다면 리브랜딩이라 할 수 있습니다. 리브랜딩의 범위는 개별 브랜드 단위가 아니라 회사 전체가 되기도 합니다. 회사도 하나의 큰 브랜드 자산이고 지속해서 성장하기 위해서는 진화가 필요하기 때문입니다.

브랜드 리프레시먼트는 꾸준히 진행하는 활동을 말합니다. 크게 달라진 점 없이 일관되고 비슷하게 보이지만 비즈니스 환경이나 트렌드에 맞춰 비주얼을 업그레이드하고 마케팅 메시지와 제품 포트폴리오 등을 바꾸는 것입니다. 실제 사업이 진행되는 환경에서 전면적인 변화는 오히려 기존 고객이 낯설어 할 수 있으니 한 번에 바꾸지 않고 조금씩 고객의 반응을 보며 변화를 꾀하는 것입니다. 브랜드의 인스타그램 계정에서 3년 전에 올린 이미지를 보거나, 3년 전 출시한 상품 및 서비스의 홍보물을 살펴보면 브랜드가 정체되지 않고 끊임없이 진화한다는 사실을 체감할 수 있습니다. 마치 앨범 속에서 나의 3년 전 모습을 보면 그동안 무수한 변화의 작은 지점들이 한눈에 꿰어지는 것처럼 말입니다.

100년 된 브랜드,
본질의 극대화

1924년 북한 평안남도 용강군에서 시작된 소주 브랜드 진로는 100년에 걸쳐 진화를 해왔습니다. '진로眞露'라는 이름은 생산지와 생산방식에서 한 글자씩 따와 만든 것입니다. '진'은 참못이라는 물 좋기로 이름난 용강 땅의 상징이었고, '로'는 소주를 증류할 때 솔방울처럼 이슬이 맺히는 모습에서 가져왔습니다.

국세청 통계자료에 따르면 국내 전체 주류 출고 금액 기준으로 희석식 소주가 시장에서 차지하는 비중은 2019년 현재 41.8%입니다. 코로나 팬데믹을 거치면서 회식이나 술자리 문화가 바뀌어 전체적으로 소비가 약간 줄어든 추세이긴 하지만 오랫동안 사랑받고 있는 술의 한 종류임은 분명합니다. 소주는 무려 13세기 고려 시대부터 시작된 주종이니 말입니다.

처음 북한 지역에서 진로라는 브랜드명으로 사업을 시작했을 때는 원숭이 상표를 사용했습니다. 한국전쟁 이후 남한 지역에서 사업을 시작했는데 당시 남한 사람들에게 원숭이는 교활함의 상징으로 이미지가 그리 좋지 않았습니다. 그래서 '떡두꺼비 같은 아들'이라는 덕담에서 착안해 상표를 두꺼비로 바꿨습니다.

진로는 한때 전성기를 누렸으나 시대와 트렌드가 바뀌면서 나이 많은 어르신들의 옛 술로 밀려났습니다. 그러다 1998년 '진로'의 속뜻을 한글로 풀어낸 '참이슬'로 이름을 바꾸고 알코올 도수를 23도로 낮춘 소주를 출시했습니다. 이후 2006년에는 도수를 19.9도로 더 낮춘 참이슬후레쉬를 출시했습니다. 이후 진로는 시대 상황에 맞춰 여러 번 리브랜딩을 진행했지만, 알코올의 도수를 낮추거나 병입 양을 조절하거나 한자에서 한글로 이름을 변경하는 정도였습니다. 이것만으로는 리브랜딩을 완성할 수 없었습니다.

젊은 감성에 호소하고 친근함을 더한 굿즈

"여기, 이즈백 주세요!"

'이즈백'이란 젊은 고객들이 '진로이즈백'을 줄여 부르는 말입니다. 어르신들이나 찾는 술로 밀려나 있던 진로가 레트로

레트로 트렌드에 맞춰 '진로이즈백'으로 돌아온 진로.
하늘색 투명 병과 파란색 라벨의 옛 패키지는 도리어 새로움으로 느껴졌다.

트렌드에 발맞춰 2019년 '진로이즈백'이라는 이름으로 다시 출시된 것입니다. 병 모양은 옛날 진로의 옅은 하늘색 투명한 병과 파란색 라벨을 그대로 재현했는데, 초록색 병에 익숙해진 고객들에게 진로의 옛 패키지는 새로움으로 다가왔습니다.

다소 묵직해 보이던 과거의 두꺼비 캐릭터는 젊은 세대 취향에 맞게 3D 애니메이션의 귀여운 캐릭터로 바꾸었습니다. 또한 그룹 '샤이니'의 컴백과 함께 두꺼비 캐릭터들이 진로이즈백 뮤직비디오에서 샤이니 멤버들과 함께 춤을 추게 했습니다. 당시 '샤이니이즈백'이라는 캠페인과 진로 및 샤이니의 컴백이 절묘하게 매칭되었습니다. 이외에도 두꺼비 캐릭터를 활용해 귀여운 굿즈 상품과 캐릭터를 다양해게 내놓아 일상 속 재미를 추구하는 젊은 고객들에게 좋은 반응을 얻었습니다.

이처럼 진로이즈백은 효과적인 리브랜딩을 통해 출시 3년 만에 10억 병 이상 소비되었고, 매달 2,600만 병, 1초에 11병이 판매되는 진기록을 세웠습니다.

이후 투명 유리병에 이어 집에서 혼자 술을 마시는 '혼술' 트렌드에 발맞춘 가정용 팩 소주, 페트병 제품 등을 출시해 성장에 박차를 가했습니다. 그 결과 코로나 팬데믹 상황이 한창이던 2021년에도 전년 대비 5% 성장을 이뤘습니다. 당시 편의점주들에게 임시 발주 중단을 요청하기도 하고 1회 발주 수량을 한 박스로 제한할 정도로 생산이 수요를 따라가지 못해 품귀 현상이 빚어지기도 했습니다. 창사 이래 100년 만에 처음 있는 일이었습니다. 현재는 전 세계 80여 개국에 수출도 하고 있는데, 한류 드라마에 나오는 소주를 해외 고객들이 찾기 때문입니다.

진로이즈백 리브랜딩의 가장 큰 성공 요인은 캐릭터 굿즈 상품과의 컬래버레이션입니다. 브랜드 심벌인 두꺼비 캐릭터를 전면에 내세워 일상 속에서 친근하게 느낄 수 있는 굿즈 상품을 다양하게 개발해내 진로에 대해 잘 모르는 젊은 고객들의 관심을 끌어낸 것입니다. 오랫동안 묵혀 있고 한편으로는 촌스러워진 브랜드 심벌을 귀엽고 친근한 캐릭터로 구현해 브랜드에 생명력을 다시 불어넣었습니다.

이종 업계와 펼치는 다양한 컬래버레이션에도 적극적인데 80여 건 이상 진행했고 현재도 진행 중입니다. 그중 전국을 순회하는 '두껍상회' 팝업 스토어는 '어른들의 문방구'라는 별명과 함께 소주 그 이상의 문화적인 키워드로 2030세대의 마음을 파고들고 있습니다.

진로는 수차례 리브랜딩을 거치면서도 특유의 정체성을 유지함으로써 충성도 높은 고객들이 진로의 변화와 함께할 수 있는 것은 물론 새롭게 고객층을 확장하기도 했습니다. 리브랜딩의 묘미는 바로 이런 변화 자체가 주는 모험과 확장의 힘에 있지 않을까 싶습니다.

31년 만에 사명을 바꾼 이유

기아는 지난 2021년 3월 31년 만에 사명을 기아자동차㈜에서 기아㈜로 바꾸었습니다. 전기차 시대에 맞춰 미래 사업을 선도하겠다는 의지의 표명이었습니다. 내연기관 중심의 자동차 생산 회사가 아니라 종합적인 모빌리티 솔루션을 제공하는 회사로 새롭게 규정하면서 '자동차'라는 단어를 뗀 것입니다. 자동차는 내연기관 또는 동력을 통해 움직이는 기계를 통칭하지만, 모빌리티는 움직이는 솔루션을 구현하는 모든 기술을 말합니다. 이로써 기아는 완성차 제조업에 머무르는 것이 아닌 친환경 전기차, 종합적인 모빌리티 솔루션을 제공하는 서비스업에 가까워지고자 하는 의지를 공식화한 셈입니다.

회사의 로고와 슬로건 또한 바꾸었습니다. 기아는 회사의 운영 방침에 따라 오랫동안 묵묵히 사명과 브랜드를 지켜왔지만 이제는 고객들이 제발 좀 로고를 바꿔 달라고 요청할 정도가 되었습니다. 자동차 커뮤니티나 일반 고객들 사이에서도 기아의 로고는 촌스럽고 밋밋하다는 평이 대부분이었고, 해외에서는 기아차를 사면 가장 먼저 엠블럼을 교체해야 한다는 말이 나오기도 했습니다. 이는 그만큼 회사가 로고 하나 바꾸는 데도 시간을 많이 들이고 신중을 기했다는 의미이기도 합니다.

2020년 1월 발표된 기아의 리브랜딩은 1년 만에 최대 실적을 뽑아낼 정도로 성공적인 사례로 평가받고 있습니다.

2021년에 매출 69조 8,700억 원을 달성했고, 2022년에는 일사분기에 31조 5,674억 원의 매출을 올렸습니다. 2020년 대비 매출이 18% 성장했고, 영업이익은 전년 대비 145% 성장했습니다. 특히 글로벌 시장에서 차량 판매는 전년 대비 6.5% 증가한 277만 6,359대를 달성했습니다. 새로운 로고가 들어간 기아의 첫 전기차 EV6는 국내에서도 좋은 반응을 얻었습니다.

리브랜딩은 짧은 호흡으로 진행하는 것이 아니라서 단기간의 성과만으로 성공 여부를 평가하기는 어렵습니다. 길고 긴 브랜드 라이프 사이클에서 건강을 유지하기 위해 매일 관리하고 운동하는 것과 비슷할 수도 있습니다. 당장 오늘은 티가 안 나지만 시간이 지나고 보면 관리하는 사람과 그러지 않는 사람의 차이를 알 수 있듯이 꾸준히 관리하며 성장하는 브랜드는 지속가능한 힘이 있습니다. 리브랜딩 후 즉각적인 성과에 연연하기보다는 최소 몇 년 단위로 지켜보면서 브랜드 자산을 꾸준히 키우는 경영진의 세밀한 관심이 필요한 이유이기도 합니다.

2021년 1월 기아는 '로고 언베일링 행사'를 개최하여 새롭게 바뀐 사명, 로고, 슬로건을 발표하며 회사의 대대적인 변화와 새로운 방향성을 제시했습니다. 새로운 슬로건 '무브먼트 댓 인스파이어스Movement that Inspires'는 '영감을 주는 움직임'이라는 뜻으로, 기아가 완성차 메이커가 아닌 친환경 종합 모빌리티 기업을 지향한다는 비전과 철학을 담았습니다. 이후

©기아

기아의 기존 로고(좌)와 새로 변경된 로고(우).

'뉴 기아 브랜드 쇼케이스' 행사를 열고 새로운 로고가 담긴 정식 로고 파일을 누구나 편집해 사용할 수 있도록 AI(EPS) 포맷으로 배포했습니다. 공식 웹사이트에 들어가면 새로운 로고에 담긴 철학과 비전을 역동적으로 보여주는 '디자인 매니페스토' 영상을 볼 수 있습니다.

기아의 CI, BI 변경에 따른 비용은 8,000억 원 정도라고 비공식적으로 알려져 있습니다. 로고 하나 바꾸는 데 그토록 큰 비용이 들까 의아할 수도 있겠지만, 브랜드 디자인 비용 그 자체보다는 로고가 들어간 곳을 모두 전면 교체하는 데 드는 비용이 상당합니다. 완성된 차에 달린 로고는 물론이고, 모든 사이니지, 제작물, 웹사이트, 하다못해 임직원 명함과 레터지까지 모두 바꿔야 하기 때문입니다. 게다가 전 세계적으로 사업을 전개하는 브랜드이다보니 교체해야 하는 범위가 그만큼 넓어 회사 로고를 바꾸는 데 오랜 시간이 걸리는 것도 이해하지 못할 일은 아닙니다.

기아의 기존 로고는 타원형 안에 'KIA'라는 영문자를 배치해 보기에 따라 답답하다는 느낌이 들기도 했습니다. 새로 소개된 로고는 바로 이전 '2019 제네바 모터쇼'에서 선보인 콘셉트카 '이매진 바이 기아'에 있던 것과 유사한 단순한 형태입니다. 이 로고에는 기존에 있던 원형 테두리와 검은색 바탕을 없애고 새로운 폰트를 적용했습니다. 전기 자동차 시대를 맞이하여 LED형으로 바뀌었고, 모바일 기기나 작은 화면에서도 선명하고 무심한 듯 돋보이는 로고입니다.

기아의 최고 디자인 책임자 피터 슈라이어 사장은 저서 《디자인 너머》에서 새 로고의 방향성을 고민하던 과정을 소개했습니다. 디자인 리뉴얼을 맡은 글로벌 디자인팀은 단순히 새 로고를 만드는 것이 아니라, 완전히 새로운 기업 정체성을 가진 브랜드를 다시 론칭하는 일이라고 인식했습니다.

디자인은 폭스씨지FoxCG라는 회사에 외주를 주어 진행한 것으로 알려져 있습니다. 유명한 디자인 업체라 하더라도 좋은 결과물을 얻기 위해서는 결국 무엇을 어떻게, 어떤 방향으로, 왜 가야 하는지 그 좌표를 정확하게 설정한 방향타가 있어야 합니다. 특히 자동차와 같이 호흡이 긴 사업의 경우 브랜드 리뉴얼을 할 때 향후 100년을 바라보며 고민을 해야 하고 그 결

©기아

기아의 새 로고는 단순하면서도 역동적인 느낌을 담은 디자인에 중점을 두었다.

과물을 압축적으로 정리해 언어화함으로써 모든 사람이 공감할 수 있어야 합니다.

피터 슈라이어 사장은 정의선 회장에게 새로운 로고의 방향성에 대해 '직선의 단순함'이라고 제안했습니다. 성의선 회상 역시 단순하면서도 역동적인 디자인이 되어야 한다는 의견에 크게 공감했다고 합니다.

"'KIA'라는 영어 철자 3개는 어떤 언어로 들어도 소리가 좋습니다. 깨끗하고 맑은 물처럼 좋은 소리입니다. 의미도 심오하고요."

'기아'는 한국에서 가장 오래된 자동차 기업의 이름이기도 하고, '일어난다'는 뜻의 '기起' 자와 아시아를 뜻하는 '아亞' 자가 합쳐진 것으로 '일어나는 아시아'라는 의미를 품고 있기도 합니다.

"새 로고는 단순하면서도 일필휘지로 쓴 글자를 닮았습니다. 서명과 같죠."

슈라이어는 역동적이고 건축적인 새 로고는 기아의 젊은 에너지와 자신감 그리고 헌신을 의미한다고 말합니다. 글자의 형태는 한글 자모에서 영향을 받았고, 그 바탕에는 한국의 진보성이 깔려 있다고 합니다. 기아의 디자인 철학을 상징하는 '역동적 순수성Dynamic Purity'은 단순한 형태와 전문성 있는 캐릭터, 목적과 감성의 결합 등 이질적인 요소를 함께 품습니다.

• 브랜딩 노트 •

리브랜딩, 언제 해야 할까?

리브랜딩을 언제 해야 하는지, 어떤 주기로 해야 하는지에 대한 정확한 시간적 기준은 존재하지 않습니다. 사업의 특성과 경쟁 환경, 회사의 운영 방침에 따라 그 속도와 간격은 달라질 수 있습니다. 새로운 사업 진출과 경쟁 상황의 급변에 대처하기 위해 리브랜딩이 필요할 수도 있고, 젊어지고 달라진 소비 트렌드에 대응하기 위해 브랜드를 재점검해야 할 수도 있습니다. 경영자나 경영진이 바뀌어서 분위기 쇄신을 위해 새로운 변화를 시도할 수도 있고, 브랜드와 관련하여 부정적인 이슈가 생겨 그 이미지를 쇄신하기 위해 리브랜딩이 필요한 경우도 있습니다. 이처럼 리브랜딩을 하는 이유와 시기는 다양하며 정해진 답이 없습니다.

보통 어떤 사업은 작은 아이디어에서 시작합니다. 브랜드는 오랜 고민을 거친 후 전체 윤곽을 정확히 잡은 후 만들 수도 있지만, 직관적인 이름과 상징을 띤 간단한 도형으로 최소한의 비용을 들여 빠르게 만든 것이 디자인과 네이밍이 되는 경우도 많습니다. 전문 네이밍 업체나 디자인 업체를 거치지 않고 만든 심벌이나 로고는 완성도가 떨어질 수 있습니다. 디자인적으로 비율이 안 맞거나 매력도가 떨어질 수도 있습니다. 브랜드 네이밍도 초기에 지어진 이름이 좋기는 하나 유사 상표 등록이 이미 많이 되어 있어 상표권 등록 가능성이 희박하거나, 분쟁 소지가 있거나, 향후 더 큰 사업 영역으로 확장하기 어려울 수도 있습니다.

사업이 확대되고, 조직이 커지고, 경쟁이 복잡해질수록 초기의 브랜드는 계속해서 변회해야 합니다. 그래서 중간중간에 리브랜딩이 필요한 것인니다. 사람은 같지만 시간이 지나면 패션이 바뀌듯 옷을 바꿔 입는 것입니다. 옷을 바꿔 입는다고 그 사람의 본질이 바뀌지는 않는 것처럼 리브랜딩은 브랜드의 본질을 지키되 주변의 환경에 맞게 사업 목적에 맞게 끊임없이 갈아입는 패션과 같습니다.

리포지셔닝,
쓰임을 바꾸다

최근 몇 년 사이 가장 빠르게 보급되며 큰 인기를 구가한 전자 제품 중 하나는 '에어프라이어'입니다. 요즘 주방의 '잇템'으로 불리는 에어프라이어를 이미 구매했거나 살까 말까 고민하는 사람이 많습니다.

2011년 에어프라이어를 처음 소개한 곳은 필립스의 의료 기기 부서였습니다. 건강한 요리를 만들기 위해 기름이 적게 들어가는 튀김 요리 기구를 개발한 것입니다. 사실 에어프라이어는 기술적인 측면에서 본다면 기존에 있던 오븐의 기능과 전자레인지의 간편함, 튀김기의 모양과 기능을 차용해서 만든 것입니다.

국내에서는 '필립스맘'이라는 자체 운영 맘 카페를 통해 입소문이 나면서 확산되었습니다. 그리고 대중적인 가격대의 국산 제품이 쏟아져 나오면서 그 인기는 다시 한번 치솟았습니다. 이마트는 중국 생산을 통해 가격을 7만~8만 원대로 낮추고 사이즈는 가족형으로 크게 키운 에어프라이어를 내놓아 좋은 반응을 얻었습니다.

어느 가전 판매 온라인 사이트 통계를 보면 판매 비교 점유율이 에어프라이어 53%, 가스레인지 47%로 이미 에어프라이어가 기존 가스레인지 수요를 넘어섰습니다. 특히 요리를 많이 하지 않는 1인 가구에서는 가스레인지 대신 에어프라이어를 이용하는 추세입니다.

아이 분유에서 프로틴 밸런스로 대반전

앞서 설명한 바와 같이 기존의 브랜드를 A에서 A'로 바꾸거나 A에서 B로 바꾸는 것만이 리브랜딩이 아닙니다. 브랜드 리포지셔닝을 통해서 완전히 새로운 브랜드를 만드는 것처럼, A를 가로 탈바꿈하는 것도 혁신적인 리브랜딩의 사례가 될 수 있습니다. 저출산 시대에 급진적인 리브랜딩을 통해 성공한 일동후디스의 '하이뮨 프로틴 밸런스'가 그런 사례라고 할 수 있습니다.

분유 시장은 결혼, 출산율의 감소와 함께 매년 약 10%의 마이너스 성장을 하며 어려움을 겪고 있었습니다. 통계청에서 발표한 합계 출산율(여성 1명이 가임 기간에 낳을 것으로 예상되는 평균 자녀 수) 수치를 보면 2016년 기준 1.2명이었고, 2022년에는 0.78명까지 떨어진 상태입니다. 그래프의 하강 곡선을 보면 앞으로 더 떨어질 것으로 전망됩니다. 전국 병원 중 소아청소년과가 없는 지역도 늘어나고 있는 형편입니다. 아이를 낳지 않으니 분유를 사지 않고, 소아청소년과도 필요 없어지게 되는 것입니다.

이에 반해, 중장년층의 자기 관리, 건강 관리, 단백질 섭취에 대한 관심 그리고 이와 관련한 건강 기능 식품 시장은 빠르게 커지고 있습니다. 식품산업통계정보FIS의 통계에 따르면 국내 단백질 제품 관련 시장 규모는 2018년부터 매년 2배씩 성장하고 있습니다.

일동후디스는 프리미엄급 산양유 분유를 출시했지만, 출산율 저하라는 시대적 흐름을 거스를 수 없는 데다 고급 라인으로서의 차별성을 확보하지 못해 고전을 면치 못했습니다. 하지만 자사의 제품군에 직접적인 영향을 주는 '저출산'과 '단백질 제품 시장 성장'이라는 환경적 변화를 잘 파악하여 위기를 기회로 빠르게 바꾸었습니다. 아이를 위한 산양유 분유를 어른을 위한 산양유 단백질 함유 보충제로 새로이 기획해 '하이뮨 프로틴 밸런스'라는 브랜드로 출시한 것입니다.

큰 틀에서 보면 원재료의 속성은 바뀌지 않았지만, 소비하는

일동후디스 실적 추이

저출산과 단백질 제품 시장 성장의 환경 변화를 잘 파악해
위기를 기회로 바꾼 일동후디스의 하이뮨 프로틴 밸런스.

타깃 고객이 달라짐에 따라 제품 기획, 패키지 디자인, 마케팅 홍보 전략까지 완전히 새롭게 바뀌었습니다. 〈미스트롯〉이라는 프로그램으로 중장년층에게 인기 있는 모델을 섭외하여 친근한 광고를 만들고 6개 TV홈쇼핑 채널에서 320회 이상 방송을 진행하며 출시 1년 만에 매출 400억 원, 누적 판매 200만 캔 이상이라는 폭발적인 반응을 이끌어냈습니다.

하이뮨 프로틴 밸런스 출시와 함께 3년 연속 적자의 늪에서 빠르게 탈출하여 흑자 전환을 이룬 일동후디스는 사상 최대 매출 2,000억 원을 달성했습니다. 2017년 48억 원 적자, 2018년 119억 원 적자, 2019년 27억 원 적자를 기록했는데, 하이뮨 출시 이듬해인 2020년에는 흑자로 돌아서 69억 원의 영업이익을 냈습니다.

이는 국내 분유 시장 자체가 매년 10%씩 축소되는 점을 감안하면 매우 고무적인 성과이며, 앞으로도 지속적으로 성과를 낼 수 있는 제품, 시장, 고객 다각화에 성공한 것이라고 평가할 수 있습니다. 분유 기업이 아니라 다양한 연령대 고객을 대상으로 종합 건강식품 기업으로 도약하는 발판을 마련한 것입니다. 이제 아이를 키우는 젊은 부모만이 아니라, 아이를 다 키우고 자기 관리에 집중하는 40~60대도 주요 고객이 되었으니 말입니다.

•브랜딩 노트•

고객 평생 가치

'고객 평생 가치LTV, Life Time Value'라는 개념이 있습니다. 소비자 1명이 평생에 걸쳐 제품을 구매하는 금액의 가치, 즉 재무적인 공헌도의 총합을 의미합니다. 아래 고객 생애 가치 도표에서 빗금친 부분 전체라고 할 수 있습니다.

분유의 경우 아이를 낳아 분유를 먹이는 기간이 고객이 해당 브랜드에 돈을 지불하는 기간이기도 합니다. 브랜드 로열티가 높고, 둘째를 낳아서 또 그 브랜드 분유 제품을 산다고 해도 한 고객이 평생에 걸쳐 해당 브랜드에 돈을 지불하는 기간은 그리 길지 않은 편입니다.

만약 그 아이가 커서 다시 아이를 낳고 고객이 할아버지, 할머니가 되어

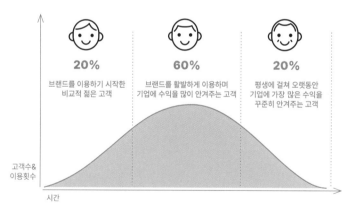

고객 생애 가치

또다시 분유를 사게 된다면 좋겠지만, 평생에 걸쳐 꾸준하고 반복적으로 소비하는 다른 소비재에 비해 분유는 그 수명이 짧고 고객 평생 가치의 합도 적을 수밖에 없습니다. 쉽게 말해 고객을 만들기는 어려운데 아이가 자라면서 필연적으로 그 고객은 떠나야 하는 시장입니다. 그리고 아이가 없다면 그마저도 일어나지 않을 것입니다.

합계 출산율이 0.78명으로 떨어진 심각한 저출산 시대에 일동후디스의 혁신적인 리브랜딩은 경쟁에서 살아남기 위한 필수적인 진화였습니다.

젊은 감성으로
갈아입는다

이탈리아에서 시작된 브랜드지만 국내 자본으로 인수하여 국내 토종 브랜드가 된 '휠라FILA'는 1분에 한 켤레씩 팔리는 신발 '디스럽디2'로 2022년 전 세계 젊은 세대들의 패션을 비꿔놓았습니다. 어글리 슈즈는 투박하고 못생긴 운동화를 의미하는데, 1997년에 판매하던 디스럽터를 최초의 어글리 슈즈라 할 수 있습니다. 휠라코리아는 이를 20년 만에 새롭게 디자인해 2017년에 디스럽터2로 출시했는데, 말 그대로 선풍적인 인기를 끌고 있습니다.

휠라코리아는 이 돌아온 신발 모델의 성공을 기반으로 매출 1조 원에서 3조 원을 넘어 2023년 현재 4조 원 클럽을 앞두고 있습니다. 국내 패션 시장에서 1조 원 이상 매출을 내는 토종 브랜드가 많지 않다는 점을 감안하면 도대체 이 신발이 재출시 된 것이 왜 그렇게 대단한 일인가 질문하게 됩니다.

디스럽터2의 성공을 통한 휠라의 승부수를 이해하기 위해서는 휠라라는 브랜드와 휠라코리아의 성장을 살펴보아야 합니다. 휠라는 1911년 속옷을 만드는 브랜드로 이탈리아에서 출발했고, 1972년 이탈리아 자동차 회사 피아트에 인수되면서 지금 우리가 알고 있는 휠라 브랜드의 외양을 갖추었습니다. 주로 운동복과 트레이닝복을 만들었는데 1970년대를 풍미한 비에른 보리라는 테니스 선수를 내세워 스포츠 마케팅을 활발하게 전개했습니다.

이후 휠라코리아 그룹을 세운 윤윤수 회장은 당시 한국에서 '화승'이라는 신발 업체의 임원이었는데 미국 출장 중 접한 휠라라는 브랜드의 잠재력을 보고 이탈리아로 찾아가 제안합니다. 본인이 자신 있는 운동화 제조 사업을 기반으로 한국에서 휠라 운동화를 만들 테니 이를 미국과 한국에서 판매해보자는 제안이었습니다.

그렇게 미국 시장에서 휠라 운동화를 성공시킨 후 이탈리아의 제안으로 1991년 휠라코리아를 설립하게 되었습니다. 당시 기사에 따르면 해마다 평균 80% 매출 상승을 일으키며 폭풍 성장을 했습니다. 40대 이상 독자들은 휠라가 유행하던 시절을 기억할 것입니다.

모기업 인수한 뒤 대대적인 브랜드 리뉴얼 추진

휠라코리아는 적극적인 비즈니스 전개로 2007년 아주 특이한 인수 합병 사례를 만들어냅니다. 휠라코리아가 모기업 이탈리아 휠라를 인수해버린 것입니다. 꼬리가 몸통을 삼킨 격인 휠라코리아의 이탈리아 휠라 인수 합병은 특별한 인수 합병 사례로 지금도 회자되고 있습니다. 휠라코리아는 당시 연간 6,000만 달러(2023년 7월 환율 기준으로 약 766억 8,000만 원) 적자에 시달리던 이탈리아 휠라를 전격적으로 인수 합병하면서 휠라의 리브랜딩도 적극적으로 전개했습니다.

그러나 2011년부터 소비 트렌드가 바뀌면서 휠라도 점점 뒷방으로 밀려나게 됩니다. 출시되는 상품도 혁신적인 디자인이 아니라 점점 촌스러운 아웃도어 브랜드의 느낌이 나면서 휠라의 명성은 바닥으로 떨어지기 시작했습니다.

현재 휠라코리아의 대표를 맡고 있는 윤근창 대표는 당시 아버지 세대의 감성이 아닌 젊은 감성으로 대대적인 브랜드 리뉴얼을 추진했고, 이때 출시된 제품이 휠라의 역사를 다시 쓰게 한 어글리 슈즈 디스럽터2입니다.

'아재' 브랜드가 된 휠라의 브랜드 리뉴얼은 브랜드 이름만 남기고 모두 바꿔보자는 내부 임원진들의 합심 아래 대대적인 변화로 이어졌습니다. 당시 소비자들은 휠라를 한물간 브랜드 정도로 어렴풋이 기억하고 있었습니다. 그래서 아예 휠라 자체를 모르는 10~20대의 나이 어린 고객을 타깃으로 삼고 브랜드 혁신을 시작했습니다. 과거의 휠라를 기억하고 있는 40~50대 고객을 과감하게 포기하고 젊은 세대, 그것도 어린 나이대의 Z세대를 파고든 것입니다. 또한 한국의 Z세대만이 아닌 시장 전체의 글로벌 Z세대 취향과 특징을 연구했습니다.

뉴트로와 클래식 디자인의 부활

이때 휠라코리가 주목한 트렌드가 바로 전 세계적인 뉴트로 열풍입니다. 뉴트로 열풍이 본격적으로 시작되기 전에 그것을 빠르게 파악하여 회사 경영의 새로운 활로를 뚫었다고 할 수 있습니다.

우선, 휠라기 기지고 있는 100년의 브랜드 역시에서 글로벌 Z세대가 반응할 만한 뉴트로 디자인과 상품을 개발하기로 했습니다. 휠라의 자사 제품이던 비에른 보리 선수의 테니스화를 복각해 출시했습니다. '복각復刻'이란 사전적 의미로는 원형을 그대로 살려 판각하는 것인데, 쉽게 말해 과거의 제품을 다시 출시한다는 뜻입니다. 1970년대 테니스화를 복각한 '코트디럭스'는 출시 1년 만에 100만 켤레 이상 판매되었습니다.

그리고 1997년에 출시된 어글리 슈즈 '디스럽터'를 20년 만에 재해석하여 내놓은 '디스럽터2'는 1년 만에 1,000만 켤레

©휠라

뉴트로 열풍에 맞춰 과거의 디자인을 재해석해 출시한 휠라의 어글리 슈즈.

이상 판매되었습니다. 특히 글로벌 시장에서 반응이 좋아 1분에 한 켤레씩 판매되는 운동화기 되었습니다. 2018년 미국 신발 전문 미디어 〈풋웨어뉴스Footwear News〉의 '올해의 신발'로 선정되기도 했습니다. 디스럽터2는 영국 패션 시장에서도 특히 10대들의 인기를 얻으며 큰 성공을 거두었습니다. 10대 여성 대부분 한 켤레씩 갖고 있을 정도였습니다.

지그재그 모양의 두꺼운 플랫폼 밑창에다 엄청나게 크고 못생긴 신발을 꼴사납다고 보는 시선도 있었지만, 패션에 민감한 10대 여성 고객들에게 이 신발은 '발이 작고 키가 커 보이게 해주는 트렌디한 디자인의 플랫폼 운동화'였습니다. 1990년대 디자인에서 영감을 받은 레트로한 감성도 글로벌 10~20대의 마음을 움직였습니다. 2018년 한 해 동안 영국 시장에서 검색어 'Fila Disruptor'는 전년 대비 538% 증가했고, 인스타그램 해시태그 '#filadisruptor'로 50만 건 이상의 포스팅이 올라왔습니다.

단일 모델 하나로 글로벌 시장을 흔들 수 있던 또 하나의 전략은 바로 합리적인 가격대 설정이었습니다. 당시 70달러, 한국 가격으로 6만 9,900원은 10대가 구매할 수 있는 접근성 높은 가격대였습니다. 다른 유명 브랜드의 플랫폼 운동화는 그보다 2배 혹은 그 이상 가격이었습니다.

이렇듯 디스럽터2는 합리적인 가격과 흠잡을 데 없는 디자인, 20년 전 디자인을 해체해 다시 출시했다는 이야기가 덧붙으며 휠라의 새로운 역사를 썼습니다.

고객의 무의식에서
마케팅을 혁신하다

삼성전자는 2022년 302조 원 매출을 달성했습니다. 2021년에는 〈포천Fortune〉에서 선정한 글로벌 500대 기업 중 15위를 차지했습니다. 2013년 14위, 2014~2016년 13위, 2017년 15위, 2018년 12위, 2019년 15위를 기록하며 꾸준히 글로벌 기업으로서의 존재감을 확인했습니다.

삼성전자 갤럭시는 글로벌 시장에서 애플의 아이폰과 치열한 경쟁을 벌여왔습니다. 애플의 아이폰은 팬덤이 두껍기 때문에 애플의 시장점유율을 뺏어오기가 쉽지 않았습니다. 광고연합회의 광고정보센터 데이터에 따르면 삼성전자는 국내 TV, 라디오, 신문, 잡지 등 4대 매체 광고비에만 2022년 하반기 동안 1,535억 원을 썼습니다. 반년 동안 국내 TV 976억 원, 신문

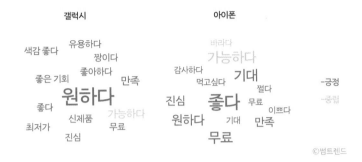

'갤럭시'와 '아이폰'에 대한 이미지 분석

515억 원, 잡지 28억 원, 라디오 16억 원 등 막대한 광고비를 집행하고 있는데, 해외시장은 훨씬 더 많은 비용을 투입해서 마케팅해야 하는 격전지인 셈입니다.

소비자 인식 조사 결과를 바탕으로 전략 전면 수정

국내 고객 대상으로 갤럭시와 아이폰에 대한 이미지를 분석해보면 갤럭시는 '원하다'라는 표현이 가장 많았고, 아이폰은 '좋다'라는 이미지가 많았습니다. 삼성폰은 갖고 싶고, 애플폰은 그 자체로 이미 '좋다'라는 인식일까요?

삼성전자가 갤럭시의 글로벌 마케팅 전략을 전면 수정하게 된 계기가 있었습니다. 해외시장에서 소비자 인식 조사를 해보니 아이폰을 사는 사람들은 브랜드 충성도가 높은 반면, 갤럭

©삼성

갤럭시의 뛰어난 기술력과 차별화된 기능성을 고객이 체험할 수 있게
삼성전자는 전 세계 대형 전시회에 체험관을 만들고 홍보했다.

시를 사는 사람들은 '애플이 싫다'라는 인식을 갖고 있었습니다. 애플이 싫어서 경쟁사인 삼성전자 갤럭시를 사는 고객이 꽤 있었다는 것입니다. 사람들의 애플에 대한 과도한 충성심이 도리어 안티팬을 만들기도 했습니다. 애플은 사람들에게 혁신적인 기업 이미지로 확고하게 각인되어 있었습니다. 기업 문화가 혁신의 아이콘으로 여겨질 정도였습니다.

이후 삼성전자는 갤럭시의 키워드를 '최첨단 기술'로 잡고 전략을 빠르게 수정해나갔습니다. 뉴욕을 비롯한 주요 도시와 전 세계 대형 전시회에서 진행한 브랜드 체험관에서는 고객이 삼성전자만의 뛰어난 기술력을 체험해볼 수 있도록 공을 들였습니다. 가장 앞선 기술을 총망라하여 갤럭시의 뛰어난 기능성, 기술력 등을 계속해서 알렸습니다.

그 결과 갤럭시는 아이폰 수준의 세련된 브랜드 감성 외에도 뛰어난 기술력과 차별화된 기능성을 갖춘 스마트폰이라는 이미지를 갖췄습니다. '갤럭시를 쓰는 사람들'은 '아이폰을 싫어하는 사람들'이 아니라, '갤럭시의 차별화된 기술력과 디자인을 좋아하는 사람들'이 되게끔 한 것입니다.

나가며

　전 세계적으로 ESGEnvironment · Social · Governance는 기업 경영에서 가장 중요한 요소가 되어가고 있습니다. ESG란 지속적인 발전을 위한 환경보호, 사회적 가치 공헌, 지배 구조 윤리 경영에 대한 관리 지표이자 규정을 말합니다. 쉽게 말하면 기업의 이윤 추구가 절대 선이던 시대를 지나 소비자와 기업 모두 지속적으로 건강하게 성장할 환경을 만들어야 미래가 있다는 합의가 생겨난 것이라 할 수 있습니다.

　국내에서는 아직 EEnvironment를 중심으로 환경에 대한 가치에 더 많은 관심을 두고 있지만, 미국이나 유럽에서는 이미 사회적인 가치 구현을 의미하는 SSocial를 중심으로 다양한 사회적 변화를 만들고자 하는 노력을 중요하게 여기고 있습니다. 특히 ESG의 성공을 측정하는 DEI 지표는 다양성Diversity, 형평성Equity, 포용성Inclusion을 의미하는데, 사회적으로 다양한 가치와 문화가 더불어 성장할 수 있는지를 관리하는 지표를 말합니다. 요즘 DEI 지표에 대한 관심이 더욱 높아지고 있는데, 이는 공정성, 포용성, 따뜻한 사회 구성을 위한 사회적 시스템을 갖추기 위해 노력하고 있다는 의미입니다.

이러한 사회 환경의 변화는 브랜딩에서도 획일화된 목소리가 아닌 다양한 소비자, 다양한 사회적 가치가 반영되는 것으로 표현됩니다. 요즘 고객은 차별과 배제에 대해 예민하고 그와 관련한 사회적 목소리를 내려고 합니다. 브랜드 행동주의를 통해 응원하고 싶은 브랜드와 그렇지 못한 브랜드를 구분해서 소비합니다. 고객과 바로 연결되고 소통하는 경계에 '브랜드'가 있고 기업 거버넌스의 중심에 '브랜드'가 있기 때문입니다.

요즘은 누구나 브랜드를 만들 수 있습니다. 상표권 등록도 적은 비용으로 할 수 있고, 소셜미디어도 무료로 운영할 수 있습니다. 마음만 먹으면 나 스스로가 브랜드가 되고, 내가 브랜드를 만들 수 있고, 최소 규모로 운영하는 브랜드라도 빠르게 성장시킬 수 있습니다. 기업도 다양한 브랜드 자산이 필요하고, 세분화된 브랜드 포트폴리오가 필요합니다. 매년 새로운 브랜드는 쏟아지고, 같은 카테고리에도 수많은 브랜드가 나옵니다.

따라서 끝없는 새로움이 필요합니다. 하지만 차별화에는 끝이 없습니다. 그래서 더욱 진정성을 가져야 합니다. 모든 밸류체인에서 보여주는 것 이상으로 진정성 있게 고민하고 질문해야 합니다. 진정성을 보여주는 가장 효과적인 방법은 팩트를 여과 없이 공개하는 것입니다. 어떤 상황이 위험하다고 판단해 숨기고 배제하면 나중에 더 큰 문제로 불거지는 사례를 우리는 주변에서 자주 보게 됩니다. 오히려 어려움을 겪은 과정을 쿨하게 보여주는 것이 신선한 마케팅 사례가 될 수 있습니다.

더불어 모든 점에서 섬세해야 합니다. 브랜드 감수성도 중요합니다. 분업화해서 브랜딩을 담당하는 것이 아니라 경계를 뛰어넘어 모든 접점에서 고객과 브랜드를 생각해야 합니다. 1인기업, 창업자, 대기업에 속한 부서 등 이해관계자 모두가 브랜딩을 고민해야 합니다. 늘 고객의 관점에서 생각해야 합니다. 이제 고객은 스마트폰 하나를 구매할 때도 기술의 차이뿐만 아니라 부품, 포장재, 생산 과정에서의 친환경 요소까지 고려해 결정합니다.

여러분의 브랜딩에서 차별화는 무엇일까요? 아무것도 아닌 것, 너무 당연하고 뻔한 것, 차별화가 아닌 듯한 작은 것도 진정성을 갖고 바라보면 달리 보입니다. 뻔한 이야기도 정성을 들여 한 각도 틀어 다른 방법으로 전달하려는 노력을 덧붙인다면 고객은 반응하기 마련입니다. 요즘 브랜딩은 여러분이 서 있는 바로 그 지점에서 차별화가 시작됩니다.

브랜드 인사이트

1판 1쇄 발행 2023년 9월 5일

지은이 · 최연미
펴낸이 · 주연선

(주)은행나무
04035 서울특별시 마포구 양화로11길 54
전화 · 02)3143-0651~3 ㅣ 팩스 · 02)3143-0654
신고번호 · 제 1997—000168호(1997. 12. 12)
www.ehbook.co.kr
ehbook@ehbook.co.kr

ISBN 979-11-6737-352-6 (03320)